Matthias Röhe

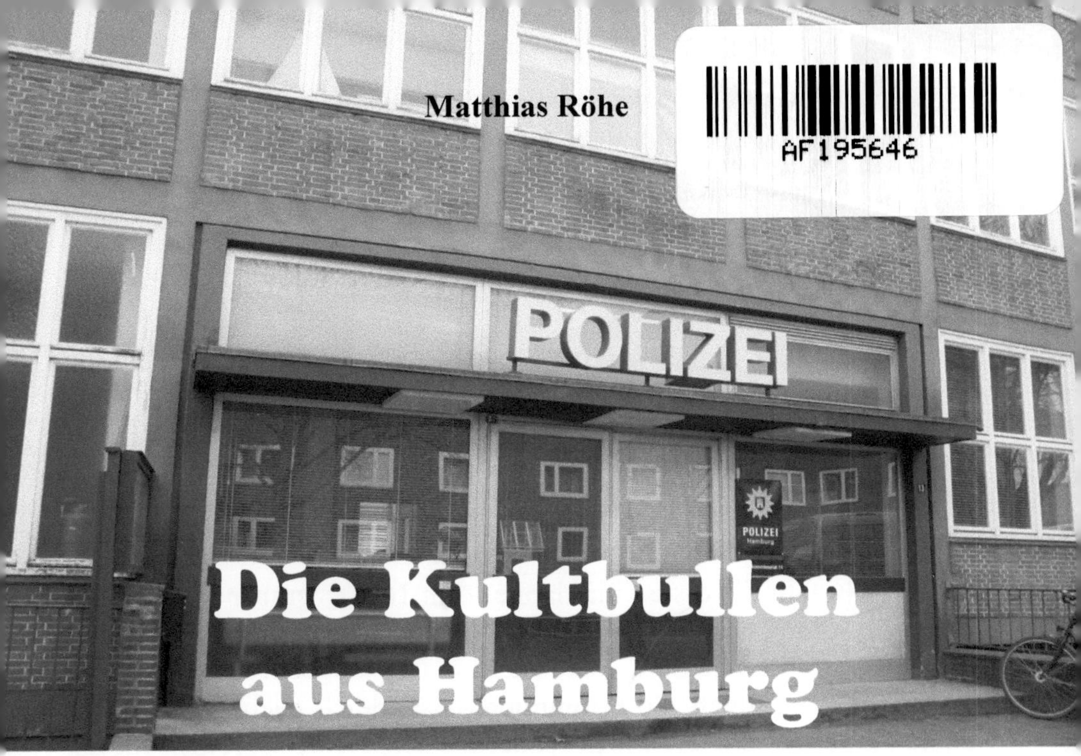

Die Kultbullen aus Hamburg

Seit 30 Jahren ermitteln die Polizisten aus dem „Großstadtrevier"

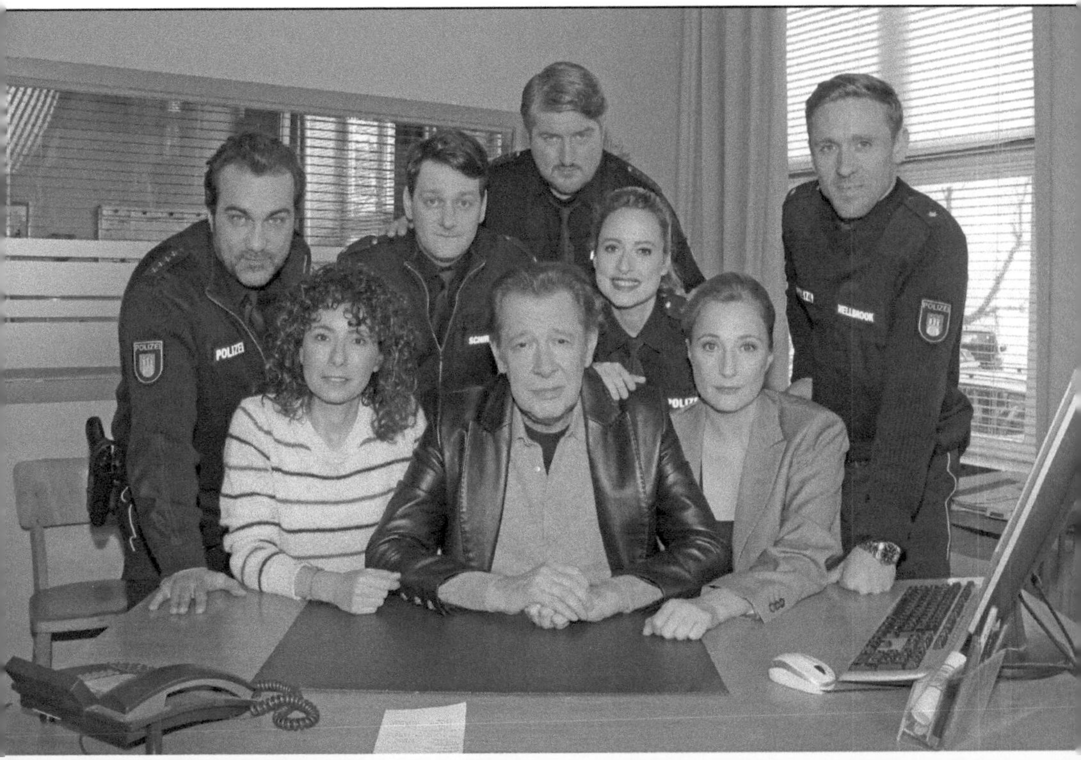

Bibliografische Information der Deutschen Nationalbibliothek:
Die Deutsche Nationalbibliothek verzeichnet das Buch „Die Kultbullen aus Hamburg" (30 Jahre „Großstadtrevier") in der Deutschen Nationalbibliothek; detaillierte bibliografische Daten können Sie im Internet über http://dnb.d-nb.de abrufen.

Matthias Röhe

Die Kultbullen aus Hamburg
30 Jahre „Großstadtrevier"

Anfang 1986 fällt die erste Filmklappe – am 16. Dezember des gleichen Jahres wird die erste Folge unter dem Titel „Mensch, der Bulle ist ´ne Frau" ausgestrahlt. Die Serie „Großstadtrevier" ist geboren und vom ersten Tag an erfolgreich. So erfolgreich, dass gleich nach Ausstrahlung weitere Folgen produziert und gesendet werden. Heute schreiben wir das Jahr 2016 und noch immer werden in Hamburg und Umgebung neue Folgen für diese Serie gedreht. Zwar sind in der Zwischenzeit viele Köpfe gerollt, aber Witz und Charme sind geblieben. In dem Buch „Die Kultbullen aus Hamburg" werden Höhe- und Tiefpunkte der vergangenen 30 Jahre skizziert. Es ist eine ideale Ergänzung zu allen bisherigen Produkten der TV-Serie.

©opyright by Matthias Röhe, Hamburg (Dezember 2016)
Fotos: © FoTe Press Matthias Röhe
www.FoTe-Press.de
Alle Rechte vorbehalten. Das Werk ist urheberrechtlich geschützt. Jede Verwendung außerhalb der Freigrenzen des Urheberrechts ohne Zustimmung des Autors ist unzulässig und strafbar. Insbesondere gilt dies für Vervielfältigungen, Übersetzungen, Mikroverfilmungen sowie die Einspeicherung und Verarbeitung in elektronischen Systemen.
Herstellung und Verlag: BoD – Books on Demand, Norderstedt
www.BoD.de
Gedruckt in Deutschland / Printed in Germany
ISBN-13: 978-3-7431-5304 2.

Inhalt

Vorwort	Seite 5
Drehorte der Serie	Seite 12
Dreharbeiten in Schleswig-Holstein	Seite 22
Die Hauptdarsteller von 1986 bis 2016	Seite 29
Was macht die Fernsehserie aus?	Seite 33
Kurz & Knapp / Wissenswertes zur Serie	Seite 38
Die Darsteller und ihre Rollen	Seite 41
„Großstadtrevier"-ABC	Seite 78
Die Fahrzeugflotte aus dem „Großstadtrevier"	Seite 86
Die PK 14 Zwischenberichte	Seite 90
Prominente Gastdarsteller im „Großstadtrevier"	Seite 152
TV-Serie mit dem Grünen Drehpass ausgezeichnet	Seite 165
Schluss nach 5 Jahren: Abschied von Mads Hjulmand	Seite 166
Das „Großstadtrevier"-Suchrätsel	Seite 168
Kurz & Knapp / Wissenswertes zur Serie	Seite 169
Filmfehler im „Großstadtrevier"	Seite 172
Das „Großstadtrevier"-Suchrätsel	Seite 178
Todesfälle von 1986 bis 2016	Seite 180
300. Folge „Großstadtrevier"	Seite 182
25 Jahre im Dienst: Polizist Dirk Matthies	Seite 200
Interview Till Demtrøder	Seite 206
Interview Peter Heinrich Brix	Seite 208
Interview Maria Ketikidou	Seite 210
Interview Sophie Moser	Seite 212
Episodenliste von 1986 bis 2016	Seite 214
Quellenangabe	Seite 227
Weitere Produkte des Herausgebers	Seite 229

Die Hauptdarsteller des „Großstadtreviers" im Jahr 2016: Jens Münchow, Maria Ketikidou, Sven Fricke, Jan Fedder, Marc Zwinz, Wanda Perdelwitz, Saskia Fischer und Peter Fieseler (von links nach rechts).

Hamburgs Polizeipräsident Ralf Martin Meyer (4. von links) besucht die Hauptdarsteller in ihrem Polizeikommissariat 14.

Vorwort

Keiner der Beteiligten – weder Krimi-Altmeister Jürgen Roland noch die einstigen Hauptdarsteller Mareike Carrière und Arthur Brauss – dürften 1986 damit gerechnet haben, dass 30 Jahre später das „Großstadtrevier" bis zum heutigen Tage im Fernsehen läuft. Angefangen hat die Hamburger Polizeiserie mit einem brandheißen Thema: Ellen Wegener (Mareike Carrière) nahm als Beamtin im Streifendienst ihre Arbeit auf. Frauen im Polizeidienst waren in den 1980er Jahren bundesweit etwas Neues. Und so erregte die junge Polizistin im „Großstadtrevier" natürlich Aufsehen. Zum ersten Mal in der Geschichte des deutschen Fernsehens stand eine Frau im Mittelpunkt einer Polizeiserie. Den Bezug zu aktuellen Themen hat sich die beliebte ARD-Serie in all den Jahren bewahrt. Genauso wie sie seit 30 Jahren von den Machenschaften der „großen Haie" erzählt, hat sie liebevoll die Sorgen und Nöte der kleinen Leute auf dem Kiez im Blick.

30 Jahre „Großstadtrevier"! Was für ein Ereignis. Damit gehört die Hamburger Polizeiserie eindeutig zu den ältesten Serien im Deutschen Fernsehen. Nur die „Lindenstraße" (Erstausstrahlung am 8. Dezember 1985), „Der Alte" (Erstausstrahlung 11. April 1977) und „Ein Fall für Zwei" (Erstausstrahlung am 11. September 1981) sind älter als das „Großstadtrevier".

1986 begannen die Dreharbeiten für die erste Folge vom Großstadtrevier mit dem Titel „Mensch, der Bulle ist 'ne Frau" unter der Regie von Jürgen Roland. Seitdem sind über 390 Folgen gedreht worden! Im Jahr 2016 drehte die Letterbox Filmproduktion im Auftrag des Norddeutschen Rundfunks (NDR) die mittlerweile 30. Staffel – und ein Ende ist nicht in Sicht. Ellen Wegener (Mareike Carrière) ging in die Geschichte ein. Sie war die erste Polizistin im Deutschen Fernsehen.

Ellen Wegener, die gerade erst die Polizeischule abgeschlossen hat, ist die junge Partnerin des altgedienten, ernsten und oftmals grimmigen Polizisten Richard Block (gespielt von Arthur Brauss) im Streifenwagen Peter 14/2. Richard Block hat anfangs große Vorurteile gegen Frauen im Polizeidienst. In Gesprächen mit Dietmar Steiner oder dem Revierleiter Rolf Bogner beispielsweise bekennt er sich zu seiner frauenfeindlichen Einstellung. Ganz anders Motorradpolizist Neithardt Köhler (Kay Sabban), der laufend mit der oft modisch gekleideten Kollegin flirtet, was das Zeug hält. Engagiert und voller Arbeitseifer hängt sich Ellen Wegener in die Polizeifälle wie Ruhestörung, Schlägereien, Diebstählen, Prostitution

Erpressung und entflogenen Kanarienvögeln. Aber auch vermisste Personen, Falschparker auf dem Parkplatz des Reviers, sowie Einbrüche oder Raube stehen auf dem Plan. Die ersten fünf Staffeln sind mit Richard Block und Ellen Wegener als Streifenpolizisten besetzt. Am Ende der fünften Staffel wird Richard Block zum Kommissar befördert und nach Schwerin versetzt. Dirk Matthies (Jan Fedder) übernimmt ab Folge 37 die Rolle des Partners von Deutschlands erster Polizistin.

Der Einstieg Dirk Matthies' ist kult: Die Beamten sitzen zu einer Dienstbesprechung bei Rolf Bogner im Büro. Es fallen Sätze wie „Nicht sehr erfreulich, was über ihn berichtet wird. Schon dreimal versetzt worden. Zuletzt war er auf dem Zwöflten. Die Kollegen sind froh, dass sie ihn los sind." Wenig später: Die Tür öffnet sich und ein junger Mann betritt mit einer Zigarette in der Hand den Raum. „Mein Name ist Dirk Matthies. Ich soll hier ab heute Dienst machen." Neithardt Köhler, etwas vorlaut, sagt: „Entzückend, Baby." „Na. Und der entzückende Typ müsste Neithardt Köhler sein. Zumindest hat man ihn mir so beschrieben", erwidert Dirk Matthies. Seit der Folge „Der Neue" ist Dirk Matthies alias Jan Fedder im Team des 14. Reviers voll integriert. Ein echter Hamburger Jung mit schnoddriger Art und etwas vorlautem Mundwerk. „Sag Du zu mir. Ich kann die Siezerei sowieso nicht leiden."

Dirk Matthies ist ein echter Kiezjunge und Kumpeltyp, der viele Prostituierte, Kneipenbesitzer und Kleinganoven (mit denen er dienstlich zu tun hat) persönlich kennt. Dirk Matthies ist eigentlich ein herzensguter Mensch mit einem ausgeprägten Sinn für Gerechtigkeit. Mit Ellen Wegener bildet er lange Zeit ein gutes Team, und zwischen beiden knistert es. Sie ziehen vorübergehend zusammen – mal in Dirks, mal in Ellens Wohnung.

Rolf Bogner (Peter Neusser) ist der Leiter des Reviers 14 in Hamburgs Innenstadt und muss ab und an die Zügel aus der Hand nehmen. Er ist ein recht eigenbrötlerischer Mensch, der gerne für sich in seinem Chefbüro arbeitet und nur selten ins Großraumbüro dazustößt.

Weitere Kollegen im 14. Revier waren anfangs der dicke, ständig Erdnüsse essende und eher gemütliche Dietmar Steiner (gespielt von Edgar Hoppe) und Lothar Krüger (zunächst von Mischa Neutze gespielt, ab Folge 85 verkörpert Peter Heinrich Brix den Beamten). Kriminalrat Iversen (Lutz Mackensy) ist der Polizeichef der Kripo und schneit auch des Öfteren ins Revier 14 und sorgt mit seiner überheblichen, künstlich freundlichen Art für Auflockerung.

Eine weitere Auflockerung ist der Motorradpolizist Neithardt Köhler. Mit seiner charmanten Art und lockeren Zunge, bezirzt er die Frauen. Er flirtet ständig mit seiner Kollegin Ellen Wegener – bekommt allerdings laufend eine Abfuhr. Bei seinen männlichen Kollegen ist er zwar beliebt, aber sie reagieren fast genervt, wenn er mit dem Anbaggern der Frauen loslegt.

In der sechsten Staffel gibt es zwei tragische Vorfälle: Polizeiobermeister Neithardt Köhler verlässt unerwartet das Revier 14. Grund: Schauspieler Kay Sabban, der den Motorradpolizisten Köhler verkörperte, starb während der Dreharbeiten für die 55. Folge („Zapfenstreich", lesen dazu bitte den Nachruf auf Seite 180). Ein weiterer Vorfall betrifft Ellen Wegener. Sie stirbt im Krankenhaus, kurz nachdem ihr Kollege Matthies einen Heiratsantrag gemacht hatte.

Grund: Schauspielerin Mareike Carrière hatte sich für einen Ausstieg aus der Serie entschieden. So wurde ein dramatischer Filmtod ins Drehbuch geschrieben.

In der siebten und achten Staffel gibt es kleine Veränderungen: Nach dem Tod von Ellen Wegener stößt Maike Bethmann (Britta Schmeling) ins Revier 14 als Nachfolgerin hinzu. Aus dem Streifenpolizisten Henning Schulz wird ein Zivilfahnder, der zusammen mit Hariklia (genannt „Harry") Möller in Hamburgs Unterwelt verdeckt ermittelt. Beide werden ein Team – auf Zivilstreife. Sie fahren einen silberfarbenden Zivilwagen und sind laufend als ziviles Streifenkommando unterwegs. Harry und Henning sind aber nicht nur beruflich ein eingespieltes Team, sondern kommen sich im Laufe der Zeit auch privat näher. Zwar versuchen beide es vor den Kollegen zu verbergen, aber letztendlich kommen sie ihnen auf die Schliche, noch bevor sie sich selbst outen können. Bei einem Besuch auf dem platten Land in Elli's Kneipe „Weißer Hirsch" sitzt das gesamte Kollegium des 14. Reviers auf der Terrasse, als Harry und Henning sich als Paar bekennen möchten. Schwups hält Revierleiter Dirk Voss eine Ansprache und verkündet die frohe Botschaft. Erstaunt fragen Harry und Henning nur lapidar: „das habt ihr die ganze Zeit gewusst?" Die Freude ist riesig, dass Harry und Henning endlich ein Paar sind. „Big Harry", damals Wirt in Elli's Kneipe, holt seine Gitarre und spielt eine Art Liebeslied für das frisch verliebte Polizisten-Paar. Aber dieser Part findet erst in der 19. Staffel, Folge 221 statt. Wieder zurück in die siebte Staffel: Dirk Matthies und Maike Bethmann fahren zusammen auf dem Peterwagen 14/2 auf Hamburgs Straßen Streife. Nach kurzer Zeit (eine Staffel) muss

Dirks Partnerin Maike Bethmann schon wieder gehen. Im Laufe der Zeit bekommt Dirk Matthies mehrfach neue Partnerinnen im Streifenwagen 14/2.
Zunächst sitzt Kollegin Tanja König (Andrea Lüdke) an der Seite von Dirk Matthies. Beide werden schnell ein sich ergänzendes Team und gute Freunde. Eines Tages verliebt sich Tanja König in einen sympathischen, jungen Mann und verlässt das 14. Revier. Wenig später nimmt Anna Bergmann (Dorothea Schenck) auf dem Streifenwagen Platz. Auch bei diesem Streifenpaar entwickelt sich eine private Freundschaft. Beide schlafen nach Dienstende gemeinsam in einer Wohnung, unternehmen etwas zusammen und gehen gemeinsam in die Kiez-Kneipe von Big Harry.
Ab der 18. Staffel gibt es drastische Veränderungen in der Serie: Nach 17 Dienstjahren verlassen Revierleiter Rolf Bogner und Dietmar Steiner das Revier. Dies geschieht im Jahr 2003. Im selben Jahr verlässt auch Anna Bergmann die Wache. Eine neue Formation bringt Schwung ins Großstadtrevier: Bernd Voss (verkörpert von Wilfried Dziallas) wird in Folge 193 („Feuertaufe") der neue Chef. Kultbulle Dirk Matthies bekommt erneut eine neue Partnerin: Svenja Menzel (Ann-Cathrin Sudhoff). Unterdessen versucht Schutzpolizist Philip Caspersen (Matthias Walter), Dietmar Steiners Stuhl würdig zu füllen.
Polizist Caspersen macht zusammen mit Lothar Krüger Innendienst. Etwa ein Jahr später nimmt schon wieder eine neue Kollegin neben Dirk Matthies im Streifenwagen 14/2 Platz: Katja Metz (Anja Nejarri). Sie kommt von einem Polizeirevier in Hamburg-Billstedt und hat sich auf eigenen Wunsch ins Revier 14 versetzen lassen. Apropos versetzen lassen: Zum Ende der 20. Staffel lässt sich Revierleiter Bernd Voss in seinen wohlverdienten Ruhestand „versetzen".
Ab Staffel 21 dann der ultimative Wechsel in der Führungsebene des 14. Reviers: Dirk Matthies, langjähriger Streifenpolizist, wechselt vom Fahrersitz des Streifenwagens 14/2 auf den Chefsessel im Büro des Reviers. Und wieder ein neuer Kollege, der auf Peter 14/2 Platz nimmt, stößt ins Team des 14. Reviers: Ben Kessler (Sebastian Hölz). Zusammen mit Katja Metz fährt Kessler nun kreuz und quer durch Hamburg und sorgt für Recht und Ordnung. Es dauert eine gewisse Zeit, bis sich Katja und Ben aneinander gewöhnt haben und gut miteinander auskommen.
Lothar Krüger (Peter Heinrich Brix) bekommt für seine Tätigkeiten im Innendienst Unterstützung von Polizeischülerin Nicole Beck (Sophie

Moser). Nach einem arbeitsintensiven und anstrengenden Tag, fährt das Team des Reviers 14 meist in die um die Ecke liegende Kneipe von Big Harry (Harry Schmidt). Dort lassen die Beamten den Tag mit Gesprächen und oftmals mit eigener Musik ausklingen. Reichlich Humor, den einen oder anderen lockeren Spruch oder Witz – und immer wieder Geschichten aus dem Alltag Hamburger Polizisten. Das ist auch ab der 22. Staffel nicht anders.

Aber es gibt eine gravierende Neuerung: Frau Küppers (Saskia Fischer) übernimmt die Revierführung und sorgt mit ihrem harten Befehlston für frischen Wind innerhalb des Reviers. Sie ist damit nach 23 Jahren „Großstadtrevier" die erste Frau in der Führungsposition des jetzigen Kommissariats 14.

Ab der Staffel 24 gibt es erneut elementare Veränderungen: Dirk Matthies verlässt den Chefsessel und nimmt stattdessen wieder auf dem alten Bock (den geliebten Streifenwagen Peter 14/2) Platz. Zunächst mit Kollegin Katja Metz, ab Staffel 24 zeitweise wieder mit Anna Bergmann (alias Dorothea Schenck). Im „Großstadtrevier" überschlagen sich in der Staffel 24 die Ereignisse. Katja Metz (Anja Nejarri) quittiert nach den dramatischen Vorfällen in der Folge „Im Zeichen des Zweifels" ihren Dienst. An die Seite von Dirk Matthies kehrt (wie oben bereits erwähnt) Anna Bergmann ins Revier 14 zurück, die bereits in den Jahren 1998 bis 2003 auf dem Hamburger Kiez Streife fuhr. Und Lothar Krüger gewinnt im Lottogewinn einen Millionenbetrag und tauscht nach langem Hin- und Her seinen Schreibtisch auf der Wache gegen „Bretter, die die Welt bedeuten". Er widmet sich der Schauspielerei – op plattdütsch.

Lothar Krüger bekommt durch seinen Lottogewinn die Chance, sich seine Träume zu erfüllen. Aber Lothar will sein Leben gar nicht ändern. Bis er sich in einen Fall einschaltet und seine Neigung zum „plattdütschen" Theater entdeckt: Die „Niederdeutsche Theaterkompanie" steht vor dem Aus, nachdem ihr die Tournee-Einnahmen gestohlen worden sind. Während der Ermittlungen steht er auf der Bühne und stellt sich vor, wie es wäre, vor Publikum zu agieren. Schlussendlich die Entscheidung: er wird der neue Hauptdarsteller eines bekannten Stückes.

Für Lothar Krüger übernimmt Hannes Krabbe (Marc Zwinz) in dieser Folge 289 der Kultserie Innendienstaufgaben. Hannes ist ein Pfundskerl, fast zwei Meter groß, für die selbstgebackenen Leckereien und einen Plausch immer zu haben. Aber nicht immer reicht deshalb die Zeit für die tägliche Routinearbeit. Hannes ist ein hilfsbereiter Hüne, der sich

gern mal in persönliche Dinge anderer einmischt. Er ist die wahrscheinlich sympathischste Krabbe der Welt und im Hamburger Stadtteil St. Pauli. Hannes Krabbe ist das kommunikative Zentrum des Polizeikommissariat 4 – oder zumindest wäre er es gern. Denn eigentlich sitzt er dafür an prädestinierter Stelle. An ihm kommt auf dem Weg in die Wache keiner so leicht vorbei und per Funk ist er ständig erreichbar. Dass er bei den Kollegen dennoch nicht der beliebteste Ansprechpartner für private Angelegenheiten ist, liegt wohl an seiner großen Neugierde gepaart mit einem kleinen Hang zum Tratsch. Ganz nah dran am Thema „Wer mit wem", so lässt sich der Charakter von Hannes Krabbe beschreiben.
So manches Mal bringt ihm dieser Wesenszug auf dem Revier Probleme ein, trotzdem liebt er seine Arbeit und die Kollegen.
In der Staffel 26 wechseln gleich drei Schauspieler: Mit Nina Sieveking (Wanda Perdelwitz) und Daniel Schirmer (Sven Fricke) kommt ein neues, junges Duo ins „Großstadtrevier", welches in Hamburg auf Streife geht und auf der altehrwürdigen Wache für frischem Wind sorgt. Außerdem verstärkt Kollege Paul Dänning (Jens Münchow) das Team.

In 30 Jahren „Großstadtrevier" ist es kein Wunder, dass Veränderungen auf den Zuschauer zukommen und sich das Personalkarussell mehrfach dreht. Daher an dieser Stelle noch eine Veränderung: Schauspieler Peter Fieseler stößt in Staffel 29 in der Folge 375 („Das Licht") als Polizeikommissar Piet Wellbrook fest zum Team des 14. Kommissariats um Dirk Matthies. Ein erfahrener Kollege, der klare Ansagen liebt, energisch ermittelt, aber durch seine direkte Art bei den Kollegen auch durchaus mal aneckt. Gerade Paul Dänning hat so seine Schwierigkeiten mit dem Neuen.
Zivilfahnderin Harry Möller bekommt seit Dienstbeginn (8. Staffel) insgesamt drei Kollegen an ihre Seite: von Staffel 8 bis 23 ermittelt Henning Schulz (Till Demtrøder) mit ihr undercover im Hamburger Kiez-Milieu. Dann taucht in Staffel 23 Hauke Jessen (Steffen Groth) auf, bevor Henning Schulz aus einem Afghanistan-Einsatz zurück kehrt und wieder für einige Folgen an ihrer Seite dem Bösen auf den Grund geht. In der 24. Staffel begleitet sie dann erneut Hauke Jessen, der nunmehr für längere Zeit aus dem nordfriesischen Husum in die Hansestadt zieht. Ab der 25. Staffel ermittelt Harry mit ihrem neuen Kollegen Mads Thomsen (gespielt von Mads Hjulmand). Beide ermitteln in den Folgen 311 bis 382 im „Großstadtrevier" als Zivilfahnder.

Soweit ein kurzer Streifzug in die vergangenen 30 Jahre „Großstadtrevier". Zahlreiche Personalwechsel wurden absolviert, Räumlichkeiten ausgetauscht, Streifenwagen erneuert und Teams mehrfach ausgetauscht. Das Buch „Die Kultbullen aus Hamburg" gibt auf den folgenden Seiten Einzelheiten über die Drehorte der beliebten Vorabendserie, beschreibt die Charaktere der Beamten und stellt die Hauptdarsteller vor. Natürlich sind auch berühmte Gastdarsteller berücksichtigt: so standen schon Karl Dall, Martin Semmelrogge, Barbara Schöneberger, Bettina Tietjen, Hape Kerkeling, Walter Plathe, Freddy Quinn oder beispielsweise Rainer Hunold vor der Kamera und wirkten in einzelnen Folgen mit.

Dieses Buch hebt die beliebte Fernsehserie allerdings nicht ausschließlich positiv hervor, sondern erläutert auch einige Filmfehler. In der Folge „Schatten der Vergangenheit" nimmt Polizeischülerin Nicole Beck beispielsweise eine Anzeige ihres eigenen Vaters auf, der angeblich von zwei Jugendlichen an einer U-Bahn-Haltestelle angegriffen worden sei. In der Realität undenkbar, dass ein Polizeibeamter eine Anzeige eines Familienmitglieds aufnimmt – wegen Befangenheit ist dies nach Dienstvorschrift nicht erlaubt. Im „Großstadtrevier" hingegen kommt es schon öfter mal vor, dass so etwas nicht ganz so ernst genommen wird. Es sind formale Fehler, die das Filmteam manches Mal einbaut – oder besser einbauen muss. Denn dass ein Festgenommener alleine hinten sitzt und die Beamten auf dem Fahrer beziehungsweise Beifahrersitz Platz nehmen, ist ebenfalls in der Wirklichkeit nicht wiederzufinden. Aus Sicherheitsgründen versteht sich. Aber wegen der Optik im Fernsehen ist es halt erforderlich, dass von der Realität abgewichen werden muss.

Die Rubrik „Filmfehler" nimmt allerdings nur einen kleinen Platz des gesamten Buches ein. Die einzelnen Folgen bis zur einschließlich 29. Staffel sind chronologisch erfasst und zudem sind in diesem Buch Angaben über den Erfolg der Serie im Ausland beschrieben.

In Deutschland ist die Serie mehrfach ausgezeichnet worden. 2005 wurde sie mit der „Goldenen Kamera" als beste Kultserie ausgezeichnet – die bisher höchste Auszeichnung. Im Jahr 2013 wurde die Serie von der Umwelt- und Klimaschutzinitiative der Filmförderung Hamburg Schleswig-Holstein mit dem „Grünen Drehpass" ausgezeichnet. Damit ist die Studio Hamburg Filmproduktion (ab Staffel 29 unter dem Namen der Tochterfirma Letterbox Filmproduktion GmbH) die zweite deutsche Serie, die klimaneutral realisiert wird.

Das „Großstadtrevier" läuft montags im Vorabendporgramm der ARD.

Drehorte der Serie

Letztendlich ist das 14. Revier, wenn man so will, der gesamte Großraum Hamburg. Was im Fernsehen nur wenige Meter von der Wache im Stadtteil Bahrenfeld entfernt liegt, ist in der Realität schon mal bis zu 40 Kilometer weit entfernt. Denn die Filmcrew dreht in Bergedorf, Harburg, Mümmelmannsberg, Poppenbüttel oder Osdorf. Das macht die Serie ganz nebenbei auch zu einer Art Langzeitdokumentation über die Entwicklung der Stadt: viele Drehorte der älteren Folgen existieren in der dort dargestellten Form gar nicht mehr. Ob die Gebäude abgerissen, oder komplett umgestaltet wurden – sogar ganze Stadtteile sind wie aus dem Nichts entstanden. Kurzum: Der Drehort ist ganz Hamburg eben. Dennoch gibt es immer wiederkehrende Kulissen, die von der Filmcrew als Kulisse ausgewählt werden.

Das 14. Revier (ab Staffel 23 **Kommissariat 14**) ist in der Mendelssohnstraße 13 im Hamburger Stadtteil Bahrenfeld. In dem alten Fabrikgebäude entstehen überwiegend die Innenaufnahmen.

Das Einsatzgebiet des 14. Reviers (Kommissariat 14): von Wedel über Altona bis hin zur HafenCity. Oftmals haben die Kollegen des Peter 14/2, sowie die Zivilfahnder Einsätze in Elbnähe. Ob illegales Feuer am Elbstrand, ein Banküberfall, Straßenraub oder Autodiebstahl auf dem Hamburger Kiez. Auch der Hamburger Hafen mit Elbe ist in vielen Folgen zu sehen... Wiederkehrende Drehorte sind die Speicherstadt, Landungsbrücken, Hafengebiete wie Veddel und Finkenwerder, Straßenzüge rund um den Hauptbahnhof, sowie Hamburgs Tierpark Hagenbeck.

Die Wohnung von Dirk Matthies (etwa Staffel 13 bis 23) befindet sich in der Nähe des Hamburger Fischmarktes. Mit Blick auf den Hamburger Hafen kann Dirk Matthies nach getaner Arbeit abschalten und den schönen Ausblick genießen. Die Kollegen verstehen sich auch privat sehr gut – so kann es auch schon mal zu unerwartetem Besuch kommen. In der Folge 179 „Ein Tag wie jeder andere" beispielsweise wird Dirk Matthies in seiner Wohnung von seinen Kollegen anlässlich seines zehnjährigen Jubiläums überrascht.

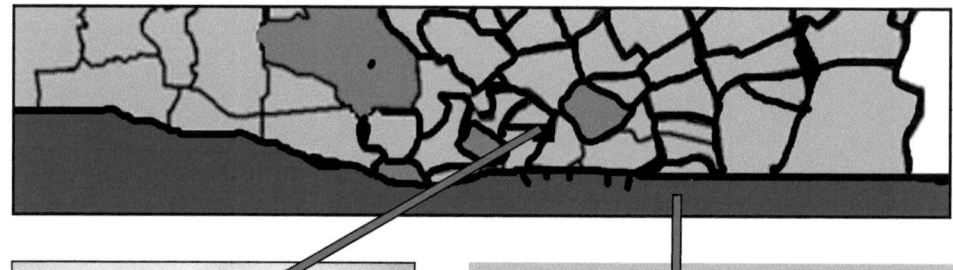

In der 6. und 7. Staffel wohnt **Dirk Matthies** in diesem Hochhaus in der Taubenstraße/Ecke Kastanienallee. In der Folge „Mitgegangen, mitgefangen" (47) beispielsweise stehen Ellen Wegener und Dirk Matthies auf dem Balkon seiner Wohnung und blicken auf Hamburgs sündigste Meile – der Reeperbahn im Stadtteil St. Pauli. Das Gebäude wird mehrfach von außen gezeigt.

Seit 2010 hat Dirk Matthies ein neues (schwimmendes) Zuhause: die **„Repsold"**. Es ist ein gut restauriertes Schiff und eine kleine Berühmtheit in Hamburg. Django (Ulrich Faulhaber) und Ringo (Peter Lerchbaumer), zwei alte Bekannte vom Kiez und Freunde von Dirk Matthies, können ihr schwimmendes Heim aus finanziellen Gründen nicht mehr halten und machen Dirk ein gutes Angebot. Aber als Dirks Bank endlich mitzieht, wird Ringo plötzlich zögerlich beim Verkauf des Schiffes. Nach langem Hin und Her übernimmt Dirk schließlich das historische Schiff und zieht komplett ein. Das Schiff liegt in der Nähe der Magellan-Terrassen in der Hafen City.

In den Staffeln 18 bis 22 treffen sich die Polizisten des 14. Reviers nach ihrem Feierabend gerne mal in der **Kneipe von Elli** (später) **Big Harry**. Lothar Krüger genießt seine Apfelschorle, während sich der Rest der Truppe meist bei einem Bierchen vergnügt. Wenn kleine Schlägereien, Schutzgelderpressung und Zechprellereien in der gemütlichen Kneipe von Big Harry vorkommen, fährt Peterwagen 14/2 mit Martinshorn und Blaulicht vor. Big Harry, der große kräftige Kneipenbesitzer, steht aber nicht nur hinter der Bar, sondern packt öfter mal mit an, wenn die Kollegen vom 14. Revier selbst Hilfe brauchen. Er unterstützt bei Umzügen, repariert Autos und Motorräder und wird auch schon mal als Lockvogel eingesetzt. Er hat immer ein offenes Ohr für die Sorgen und Nöte der Polizisten. Am liebsten aber arbeitet er in seiner Kneipe. Die befindet sich in der Frickestraße 46 im Stadtteil Eppendorf.

In der urig-stilvollen Eckkneipe (Frickestraße / Kegelhofstraße) entstanden von 2003 bis 2008 die Innen- und Außenaufnahmen.

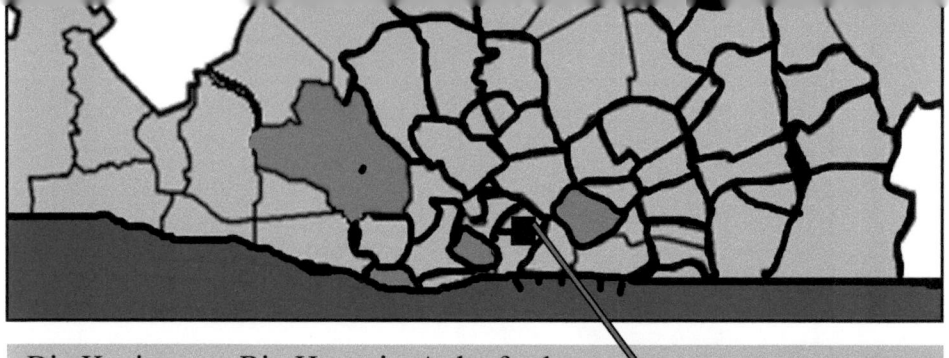

Die Kneipe von Big Harry ist Anlaufstelle der Beamten des Kommissariats 14. Abends, nach einem anstrengenden Tag, kommen die Polizisten auf ein Glas Bier in die Eckkneipe mit Charme und lassen sich von Big Harry (Harry Schmidt, bekannt aus dem TV-Format „Big Brother") bedienen. Er ist Freund der Beamten, obwohl er in einer Folge mit Falschgeld zu tun hat und somit selbst ins Visier der Polizisten gerät.

Die aktuelle Kneipe (seit der 23. Staffel) ist in der Nähe der Hauptkirche St. Michaelis (kurz: Michel), in der Martin-Luther-Straße 4 / Ecke Teilfeld. In der Serie als „Kiez-Kneipe" bekannt, liegt sie in der Realität im Hamburger Stadtteil Neustadt.

Auch **Hamburgs Außenalster** (Foto oben) ist immer wieder beliebter Drehort fürs „Großstadtrevier". Am Alsterufer können Passanten auf das Produktionsteam – samt großem Fuhrpark (Wohnmobile, Gerätewagen, Maskenmobile, Catering-Fahrzeuge) – stoßen und mit Glück bei den Dreharbeiten zuschauen. Spiegelreflexkameras sollten dann allerdings nicht herausgeholt werden: erspäht das Filmteam professionell wirkende Fotoapparate, so werden die Fotografen meist aufgefordert, keine Fotos zu machen. Gegen Handykameras hingegen hat meistens niemand etwas. Das Foto unten zeigt die **Binnenalster** in der Innenstadt Hamburgs.

Beliebte Kulisse: **„Zur Ritze"** auf der Reeperbahn. Unter anderem in den Folgen „Der Boxer", „Videomann" und „Der Besuch" ist die Location mit historischem Boxkeller zu sehen. In der Folge „Der Besuch" heißt das Lokal zwar „Daisy" und nicht „Zur Ritze", aber echte Hamburger erkennen dennoch anhand des extravaganten Eingangs Hamburgs einzigartiges Lokal wieder. Bis vor ein paar Jahren konnte der Streifenwagen Peter 14/2 noch bis zur Haustür vorfahren. Dies ist jetzt nicht mehr möglich, weil in der Toreinfahrt ein Döner-Imbiss eröffnet hat und die Einfahrt dadurch geschmälert wurde. Für Dreharbeiten macht das Team auch heute noch gerne Halt – eine kultige Kulisse, die sich gerne für Innen- und Außenaufnahmen eignet.

Letzendlich ist gesamte **Reeperbahn** beliebte Anlaufstelle fürs Drehteam. Talstraße, Hamburger Berg und sämtliche Klein- und Nebenstraßen rund um den Hans-Albers-Platz dienen oft als Kulisse. Der Kiez ist sozusagen Mittelpunkt des Reviers.

Beliebte Kulisse im Großstadtrevier: **die Landungsbrücken**. Zwischen Baumwall und Landungsbrücken gibt es fast unzählige Kulissen, die von den Fernsehmachern ausgewählt werden. Die Helgoländer Alle, die Fußgängerbrücke von der U-Bahn-Haltestelle Landungsbrücken bis zum Anleger, sowie kleine Geschäfte direkt an der Waterkant sind aus den bisher 390 ausgestrahlten Folgen nicht mehr wegzudenken. Auch rund um den alten Elbtunnel wird häufig gedreht, was das Zeug hält. Auch die berühmte **Hafenstraße** ist oftmals Kulisse.

Beliebte Kulisse und damaliges 14. Revier: **die Polizeistation am Klingberg**. Während die Innenaufnahmen von 1986 bis Anfang der 1990er Jahre in einem leerstehenden Bürogebäude in Hamburg-Billbrook entstanden, wurden die Außenaufnahmen direkt auf dem Vorplatz des heutigen „echten" Polizeikommissariats 14 (Außenstelle, in der Straße Klingberg zwischen Burchardplatz und Messberg) produziert. In der Serie ist dieses Gebäude das 14. Revier, in dem Revierleiter Rolf Bogner mit seinem Team für Recht und Ordnung sorgt. Das Gebäude ist in vielen älteren Folgen von außen zu sehen, Streifenwagen parken direkt vor dem Eingang (dort, wo der weiße Pkw steht). In der Folge „Ein ganz normaler Tag" wird das 14. Revier sogar einmal komplett geräumt: Dietmar Steiner vermutet unter einer Sitzbank eine Bombe. Er hört – trotz lauter Geräuschkulisse im Revier und während seines Erdnüsse-Essens – ein merkwürdiges Ticken. „Ruhe!", brüllt Dietmar Steiner und dann ist das Ticken klar und deutlich zu hören.  Feuerwehrleute rücken mit großem Geschütz an: Entwarnung. Richard Block geht mit einem Obdachlosen ins Revier, der seine Tasche samt Wecker drinnen vergessem hat. Nach einer kleinen Standpauke von Richard Block nimmt der Obdachlose sein Eigentum an sich und verschwindet. Große Aufregung im und vor dem 14. Revier.

Unverwechselbar und als Wiedererkennungsmerkmal schlecht hin ist die grüne Eingangstür, durch die so manch berühmter Gastdarsteller geht (lesen Sie bitte das Kapitel „Prominente Gastdarsteller") und in der Serie zum Teil mit sehr kuriosen Angelegenheiten mit den Beamten konfrontiert. Vom Parkplatz vor der Wache startet der Peterwagen 14/2 und Motorradpolizist Neithardt Köhler zu ihren Touren auf Hamburgs Straßen.

Seit Anfang der 1990er Jahre ist als Hauptmotiv „Revier 14" ein Bürogebäude in der Mendelssohnstraße 13 in Hamburg Bahrenfeld. In der Realität ist es ein Gebäude, welches von Studio Hamburg Produktion für diverse Filme als Kulisse verwendet wird (unter anderem für den „Tatort" oder „Adelheid und ihre Mörder"). Wenn das Team Außenaufnahmen vom Gebäude macht, werden Streifenwagen auf dem Parkplatz drapiert und der Schriftzug „Polizei" über den Eingangsbereich angebracht. Ein extra angefertigter Info-Kasten wird ebenfalls im Eingangsbereich des Revier 14 befestigt.

Aber auch in neueren Folgen des „Großstadtreviers" taucht das „alte Revier 14" in der Straße Klinberg hin und wieder auf. Wenn beispielsweise Dirk Matthies einen alten Kollegen besucht, der auf einer anderen Wache seinen Dienst schiebt. Dann ist dieser Kollege, wie der Zufall es will, in diesem Gebäude untergebracht. Auch die Beamten der Kripo verrichten dort ihren Dienst. Selbst Kriminalrat Iversen geht ab und an durch die grüne Tür...

Im Billbrookdeich 147 entstanden in den 1980er Jahren die Innenaufnahmen vom 14. Revier. Rechts ist das Gebäude von außen zu sehen.

Dies sind im Wesentlichen die Hauptmotive des „Großstadtreviers". In den Folgen ab dem Jahr 2002 stehen immer wieder die Wache in Bahrenfeld, die Kneipe von Big Harry, Landungsbrücken, Reeperbahn, Gebäude in der Speicherstadt und HafenCity und die Wohnung von Dirk Matthies als Drehort auf dem Drehplan. Weitere immer wiederkehrende Locations sind die Schuppen auf der Veddel, Bereiche in der Innenstadt (Mönckebergstraße, Gänsemarkt), Gebiete rund um die Binnen- und Außenalster und Strände in Blankenese. Hin und wieder dreht das Team auch im Hagenbecks Tierpark oder beispielsweise in großen Einkaufszentren, wie dem am Winterhuder Marktplatz oder dem Elbe-Einkaufszentrum. Für einzelne Folgen werden aber auch Kulissen im Hamburger Umland gesucht und genutzt. Zum Beispiel im benachbarten Schleswig-Holstein.

Der Funkstreifenwagen Peter 14/2 steht vor dem 14. Revier in der Mendelsohnstraße in Hamburg. Im Hintergrund ist der Eingang zu sehen.

Der Funkstreifenwagen Peter 14/2 steht vor dem 14. Revier in der Mendelsohnstraße in Hamburg. Im Hintergrund ist der Eingang zu sehen. Auf dem Foto rechts kommen die beiden Zivilfahnder Harry Möller und Henning Schulz aus dem Polizeigebäude...

Dreharbeiten in Schleswig-Holstein

Drei Folgen des Dauerbrenners „Großstadtrevier" drehen sich inhaltlich um Erlebnisse „auf dem platten Land" und wurden fast ausschließlich in Rundhof und Stangheck im Kreis Schleswig-Flensburg (bei Kappeln / Gelting) produziert. In der Folge „Landpartie" geht es inhaltlich um Dirk Matthies, der seine alte Freundin Elli Meier aufs Land begleitet. Die ehemalige Wirtin seiner Hamburger Stammkneipe ist auf der Suche nach einem Landgasthof, um sich dort niederzulassen. Sie finden genau das richtige Anwesen; doch auf dem Dachboden wohnt Michel Brockmann, ein Faktotum, das zum Inventar zu gehören scheint.

Bevor dessen besonderes Geheimnis nicht gelüftet ist, kann auch Elli hier nicht heimisch werden – eine wirkliche Aufgabe für Dirk, der dabei dem grantigen Bruder des Sonderlings in die Quere kommt und sich beinahe in die bezaubernde Nichte Brockmanns verliebt. Denn, obwohl der Hof Michel gehört, will ihn sein Bruder hinter dessen Rücken verkaufen. Aber nicht an Elli! Sie soll als potentielle Käuferin nur den Preis in die Höhe treiben.

Anna Bergmann lernt unterdessen auf der Wache in Hamburg einen jungen Schriftsteller kennen, der eine Fahrerflucht anzeigt. Sie ist schwer begeistert von ihm; doch auf einem Spaziergang an der Alster erfährt sie, dass es – aus einem Grund, mit dem sie nie gerechnet hat – nur bei einer Freundschaft bleiben kann. Derweil testen Harry Möller und Henning Schulz die neuen Uniformen für die Schutzpolizei unter extremen Bedingungen. Bezahlt wird ihre Bereitschaft mit einer handfesten Grippe.

Jan Fedder bei Dreharbeiten im „Weißer Hirsch" in der Gemeinde Stangheck.

Filmklappe vom 5. September 2003, Dreharbeiten für die Episode „Landpartie".

Eine Filmkamera auf einem Stativ, am Stativfuß liegt die Filmklappe.

Gedreht wurde auch auf Gut Rundhof in schleswig-holsteinischen Stangheck. Das Herrenhaus befindet sich allerdings in Privatbesitz und ist nur begrenzt öffentlich zugänglich.

Ex-Wirtin Elli alias Brigitte Janner bei Dreharbeiten in Stangheck.

Die zweite Landpartie-Folge mit dem Titel „Bullen-Kür" wurde ebenfalls in der Gemeinde Stangheck produziert. Drehorte waren die Schleifähre Arnis, Lindaunis, Rundhof, Gelting und Umgebung.

Zum Inhalt: Einmal im Jahr fährt die Crew vom Revier 14 aufs Land. Doch nicht jeder hat Lust auf die Landpartie. Henning Schulz und Harry Möller zum Beispiel möchten lieber in ihrem geliebten Hamburg bleiben. Nur hier können sie – unbemerkt von den Kollegen – weiter miteinander turteln. Lothar Krüger und Fabian Brandt sehen den Ausflug in die Natur als Chance, Revierleiter Voss zu beweisen, dass sie keine neurotischen Großstädter, sondern echte Naturburschen sind. Voss hingegen langweilt sich ohne sein geliebtes Segelboot. Dirk Matthies bekommt von all dem wenig mit, denn er hat auf der Landpartie nur Augen für Dörte Petersen, eine Bäuerin, die nach der Trennung von ihrem Mann Ole versucht, den Hof allein zu schmeißen. Zwar unterstützt Nina ihre Mutter tatkräftig, aber irgendwie geht dauernd etwas schief: Der Milchtank läuft aus, wichtige Maschinen gehen kaputt. Alles nur Zufälle? Als Dirk im Kraftfutter des Bullen einen Cocktail starker Tabletten findet, ist er fest davon überzeugt, dass da jemand seine Finger im Spiel hat.

Einen Verdächtigen hat er auch gleich ausgemacht: den Nachbarn Jürgen Friedrich, der gern mit Dörte Petersen anbandeln möchte, um den Hof zu übernehmen.

Die dritte Folge mit dem Titel „Landpartie – Eine Frage der Ehre" wurde ebenfalls im Kreis Schleswig-Flensburg (im nördlichen Teil Schleswig-Holsteins) gedreht. Zum Inhalt: Dirk Matthies und seine Mannschaft vom 14. Kommissariat freuen sich mal wieder auf eine gemütliche Landpartie. Doch Dirk, der schon mal vorgefahren ist, findet in Ellis Landgasthof nicht die erhoffte Entspannung.

Dreharbeiten in Stangheck. Zu sehen ist die Filmcrew samt Regisseur.

Ein „Wildschütze" treibt in den Wäldern der Umgebung sein Unwesen und lässt im Dorf Misstrauen und Hass aufleben. Ortspolizist Holm (Dirk Bielefeld) kann nur einen Fahndungserfolg aufweisen; Er verhaftet mit gezückter Dienstpistole zunächst Dirk Matthies unter dem Verdacht, der gesuchte Wilderer zu sein. Schließlich glaubt das halbe Dorf, Fraukes neuer Freund Hark Friese sei der Wilderer. Selbst ihr Bruder Eike glaubt, dass Hark der gesuchte Wilddieb ist. In ihrem Widerstand gegen Petersen, den aufgebrachten Jäger, steht sie ganz allein. Elli drängt Dirk, Frauke zu helfen. Aber auch Johannes Krabbe, Anna Bergmann, Harry Möller, Henning Schulz und Nicki Beck haben mit Schwierigkeiten zu kämpfen. Ihr Betriebsausflug beginnt mit einem Fehlstart. Im üblichen Alltagschaos ist untergegangen, dass Frau Küppers den Betriebsausflug um einen Tag verschoben hat und nun zum Dienstunterricht bittet.

Doch statt ein „Friedensangebot" der Kommissariatsleiterin Küppers anzunehmen, bricht Hannes Krabbes einen handfesten Streit vom Zaun. Die Landpartie droht in weite Ferne zu rücken.

Drei komplette Folgen dieser Serie handeln inhaltlich von der Landpartie und wurden zum größten Teil im Kreis Schleswig-Flensburg in Schleswig-Holstein gedreht. Aber oftmals steckt auch in anderen Folgen mehr Schleswig-Holstein als man denkt – obwohl sie als typische Hamburger Serie gilt.

Dreharbeiten in Glinde (bei Hamburg). Szene: Dirk Matthies wird schwer verletzt in einen Krankentransportwagen bugsiert. In der Doppelfolge „Tage wie dieser" (Teil 1 und 2) wird Matthies im Keller einen Wohnhauses angeschossen. Den Täter kennt Dirk Matthies.

Polizist Ben Kessler.

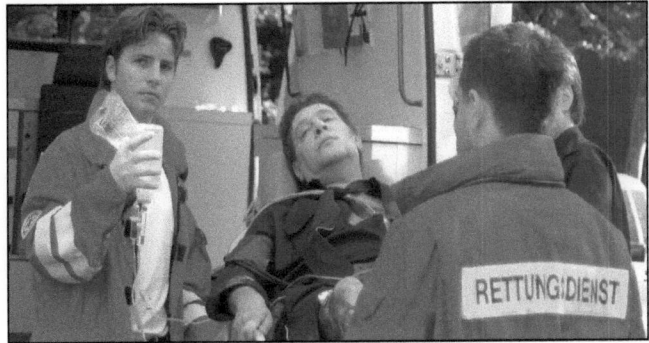

Die Stadt Glinde (Kreis Stormarn) dient ab und an als Kulisse. Die Szene der Doppelfolge „Tage wie dieser" mit folgendem Inhalt, wurde beispielsweise in Glinde gedreht: Als Dirk Matthies und Katja Metz zu einem Nachbarschaftsstreit gerufen werden, sieht alles nach einem ganz normalen Routinefall aus. Doch an diesem Tag geschieht das Unfassbare: Drei Schüsse fallen; Dirk bricht – am Oberschenkel getroffen – schwer verletzt im Keller eines Hochhauses zusammen. Ben Kessler (Sebastian Hölz), ein Kollege vom 32. Revier, der zufällig in der Nähe ist, kann Dirk Matthies noch aus der Schussbahn ziehen und damit dessen Leben retten. Doch der dramatische Vorfall hat fatale Folgen: Polizist Matthies liegt mehrere Monate im Krankenhaus, muss danach aus dem Streifendienst ausscheiden – Knochensplitter haben die Nerven seines Beines geschädigt. Nach der Entlassung aus dem Krankenhaus heißt es erst einmal Innendienst schieben. Während Dirk Matthies im Krankenhaus behandelt wird, nehmen Katja Metz und die Kollegen vom 14. Revier die Ermittlungen auf. Unterstützt werden sie dabei von Ben Kessler, dem smarten Kollegen einer Nachbarwache. Bald gelingt es ihnen, einen Tatverdächtigen festzunehmen. Und tatsächlich legt der mehrfach vorbestrafte Alex Kunert ein umfassendes Geständnis ab. Die „Helden" vom „Großstadtrevier" haben den Fall gelöst.
Nur Dirk Matthies weiß, dass Alex Kunert nicht der Täter ist.

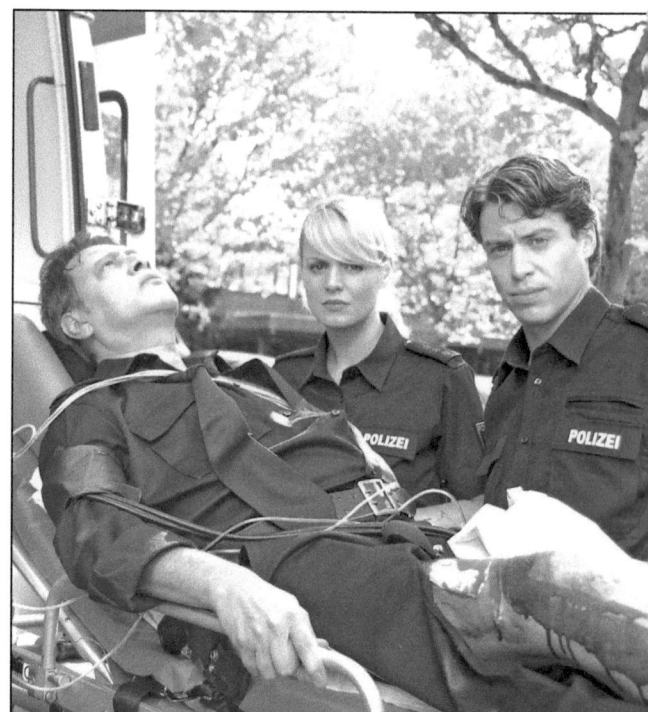

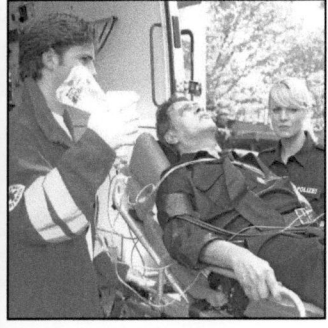

In den Drehpausen werfen Schauspieler Sebastian Hölz und Anja Nejarri einen kleinen Blick ins Drehbuch. Bei hochsommerlichen Temperaturen sind sie froh, das sie Sitzmöglichkeiten im Schatten gefunden haben. Alle Fotos auf dieser Seite entstanden bei Dreharbeiten für die Doppelfolge „Tage wie dieser" in Glinde.

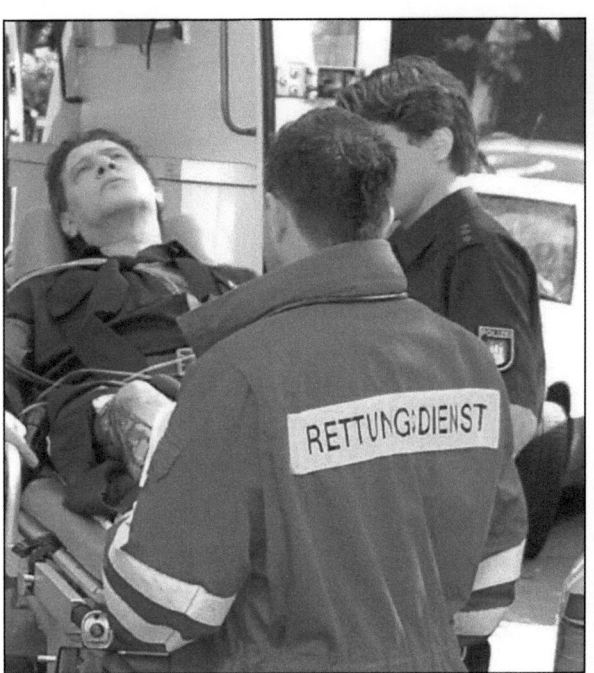
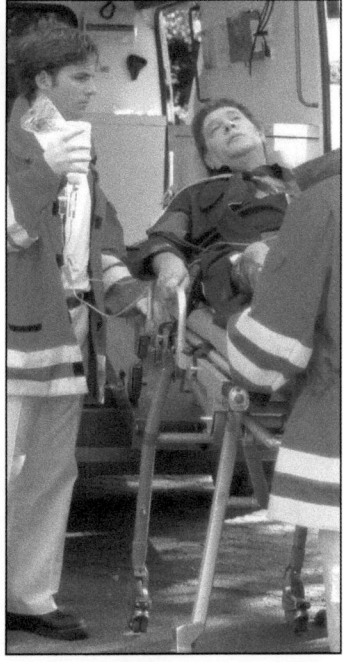

Aber auch die Stadt Pinneberg (Kreis Pinneberg) ist beispielsweise öfter Kulisse für einzelne Folgen. Erst im September 2008 machte das Team in einem Alten- und Pflegeheim Halt, um dort mit Kult-Moderator Carlo von Tiedemann eine Szene abzudrehen.

Aber auch in Wedel, gleich an der Stadtgrenze zu Hamburg, wird immer wieder gedreht. So war das Filmteam unter anderem im dortigen Yachthafen, sowie im Krankenhaus zugange.

Von links: Carlo von Tiedemann, Jan Fedder, Günter Junghans und Anja Nejarri am Set vom „Großstadtrevier" bei Aufnahmen in einem Altenheim in Pinneberg.

Carlo von Tiedemann, Jan Fedder, Günter Junghans und Anja Nejarri am Set vom Großstadtrevier in Pinneberg.

Carlo von Tiedemann (l.) spielt in der Folge „Echt falsch" einen Bewohner eines Altenheimes.

Die Hauptdarsteller von 1986 bis 2016

Besetzung:	Rolle:	Staffel:
Revierleiter		
Peter Neusser	Rolf Bogner	(1-17)
Wilfried Dziallas	Bernd Voss	(18-22)
Jan Fedder	Dirk Matthies	(21-22)
Peter Lohmeyer	Hans Joachim Harnisch	(22)
Saskia Fischer	Regina Küppers	(seit 23)
Streifendienst		
Arthur Brauss	Richard Block	(1-5)
Mareike Carrière	Ellen Wegener	(1-7)
Jan Fedder	Dirk Matthies	(6-20, 23-27)
Britta Schmeling	Maike Bethmann	(8)
Andrea Lüdke	Tanja König	(9-12)
Dorothea Schenck	Anna Bergmann	(13-17, 23-26)
Ann Catrin Sudhoff	Svenja Menzel	(18)
Sebastian Hölz	Ben Kessler	(21-22)
Anja Nejarri	Katja Metz	(19-22)
Jens Münchow	Paul Dänning	(seit 26)
Wanda Perdelwitz	Nina Sieveking	(seit 26)
Sven Fricke	Daniel Schirmer	(26-27)
Peter Fieseler	Piet Wellbrook	(seit 29)
Außendienst		
Christoph Eichhorn	Robert Quest	(7–9)
Motorradstreife		
Kay Sabban	Neithardt Köhler	(1-6)
Innendienst		
Edgar Hoppe	Dietmar Steiner	(1-17)
Till Demtrøder	Henning Schulz	(6-7)
Mischa Neutze	Lothar F. Krüger (1)	(1-6)
Peter Heinrich Brix	Lothar F. Krüger (2)	(9-23)
Tommaso Cacciapuoti	Fabian Brandt	(19-20)
Sophie Moser	Nicole Beck	(21-25)
Mischa Neutze	Lothar Krüger	(1-6)
Matthias Walter	Philip Caspersen	(18-19)
Marc Zwinz	Hannes Krabbe	(seit 22)

Zivilfahnder

Till Demtrøder	Henning Schulz	(11-23)
Maria Ketikidou	Hariklia „Harry" Möller	(seit 8)
Steffen Groth	Hauke Jessen	(23-24)
Mads Hjulmand	Mads Thomsen	(25-29)

Wiederkehrende Personen

Harry Schmidt	Kneipenwirt
Jürgen Roland	Einsatzleiter, Sprecher
Lutz Mackensy	Kriminal Iversen
Brigitte Janner	Wirtin Elli

Übersicht der Hauptdarsteller

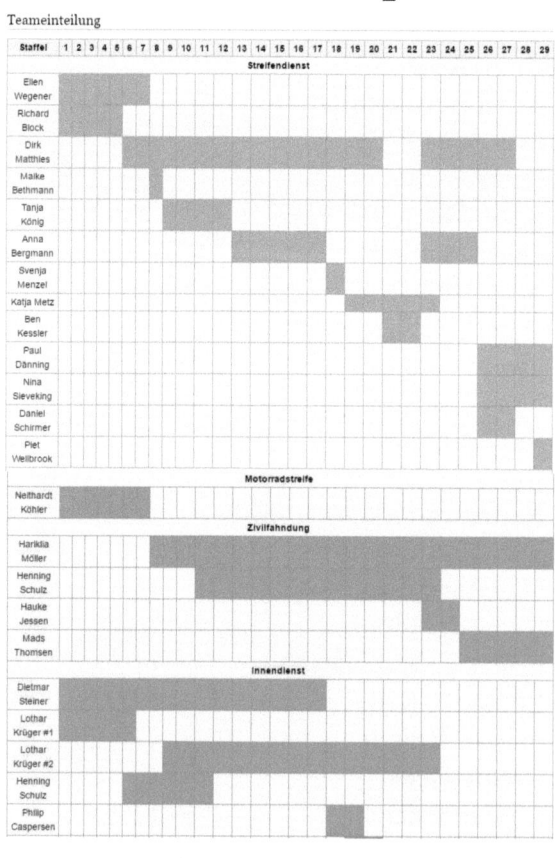

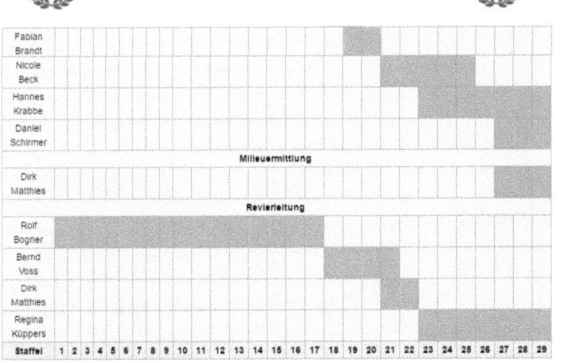

Übersicht

Staffel	Episodenanzahl	Erstausstrahlung Staffelpremiere	Staffelfinale
1	6	16. Dez. 1986	20. Jan. 1987
2	6	27. Jan. 1987	3. Mär. 1987
3	8	10. Mär. 1987	6. Feb. 1989
4	8	2. Jan. 1991	14. Feb. 1991
5	8	21. Feb. 1991	11. Apr. 1991
6	12	6. Okt. 1992	22. Dez. 1992
7	12	26. Okt. 1993	11. Jan. 1994
8	12	18. Jan. 1994	5. Apr. 1994
9	13	10. Jan. 1995	4. Apr. 1995
10	13	26. Nov. 1996	4. Mär. 1997
11	13	11. Mär. 1997	3. Jun. 1997
12	13	11. Aug. 1998	27. Okt. 1998
13	13	25. Mär. 1999	1. Jun. 1999
14	13	7. Mär. 2000	30. Mai 2000
15	13	24. Apr. 2001	28. Jan. 2002
16	13	4. Feb. 2002	6. Mai 2002
17	16	13. Jan. 2003	5. Mai 2003
18	16	5. Jan. 2004	26. Apr. 2004
19	16	17. Jan. 2005	25. Apr. 2005
20	16	16. Jan. 2006	29. Mai 2006
21	16	26. Feb. 2007	2. Jul. 2007
22	16	31. Mär. 2008	4. Aug. 2008
23	22	21. Sep. 2009	8. Mär. 2010
24	15	22. Nov. 2010	21. Mär. 2011
25	17	31. Okt. 2011	24. Feb. 2012
26	16	12. Nov. 2012	18. Mär. 2013
27	16	25. Nov. 2013	31. Mär. 2014
28	16	24. Nov. 2014	23. März 2015
29	16	30. Nov. 2015	21. März 2016

Anja Nejarri, Peter Heinrich Brix, Matthias Walter, Jan Fedder, Tommaso Cacciapuoti, Wilfried Dziallas, Maria Ketikidou und Till Demtrøder vor dem Eingang des Polizeipräsidiums Hamburg.

Gruppenfoto mit den Darstellern Anja Nejarri, Peter Heinrich Brix, Matthias Walter, Jan Fedder, Tommaso Cacciapuoti, Wilfried Dziallas, Maria Ketikidou und Till Demtrøder um einen VW Käfer der Polizei Hamburg. Dieses Oldtimer-Fahrzeug kommt noch heute zum Einsatz: immer wenn ein Polizist pensioniert wird, gibt es eine Ehrenrunde...

Was macht das Revier 14 aus?

„Die Polizei dein Freund und Helfer" – das Motto gilt selbstverständlich auch für die Beamten des 14. Reviers. Immer ein lockerer Spruch am richtigen Platz, ein offenes Ohr am Tresen auf der Wache und schnelle Auffassungsgabe: das sind die freundlichen Polizisten vom „Großstadtrevier" in Hamburg. Dirk Matthies und seine Kollegen ziehen, wenn es erforderlich ist, auch ab und an die Waffe. Dies bleibt im Polizeidienst einer Großstadt wie Hamburg nicht aus. Aber meist kümmern sie sich um die kleinen Dinge des Alltags in ihrem Revier. Eine ältere Frau, die das Polizeirevier für ein Postamt hält (gespielt von Edith Hancke) wird nett hinaus gebeten. Eine Nachbarin fühlt sich allein und ruft unter einem Vorwand die Beamten zu sich in die Wohnung. Dietmar Steiner eilt herüber und repariert den defekten Ofen der Dame. Es folgt Lothar Krüger, der unterstützend in der Küche hilft. Wenig später folgt auch Rolf Bogner. „Könnt ihr mir mal sagen, was ihr hier macht?", fragt Bogner zwar erstaunt, sieht aber die Hilfsbereitschaft seiner Kollegen und zeigt Sympathie. Auch er packt kurzer Hand mit an.
So sind sie halt: die Polizisten vom 14. Revier bilden ein Team mit Herz. Sie beschützen Senioren, führen junge Leute auf den richtigen Weg der Ehrlichkeit zurück und trösten Opfer von Straftaten. Zugegeben: es herrscht ab und zu auch mal ein rauher Ton im Revier 14. „Ist hier bald mal Ruhe", schreit Dietmar Steiner des Öfteren durch das Großraumbüro. Sekunden später lächelt er freundlich seinen Kollegen zu.
Die Polizisten aus dem Revier 14 arbeiten dort, wo ganz normale Menschen leben, die mit ganz normalen Schwierigkeiten zu kämpfen haben. Ob der Nachbar seinen Rasenmäher zu laut eingestellt hat, oder Autofahrer die „Rechts vor Links-Regelung" nicht beachten und es so zu kuriosen Fällen kommt. Die Beamten haben immer ein offenes Ohr. Das Ende einer jeden Folge ist fast immer mit einem lockeren Spruch oder sogar einer Poente. Auch zu Zeiten, in denen Dirk Matthies – oder als seine Vertretung Hanno Harnisch – als Revierleiter agiert. Trotz gelegentlicher rauher Töne aus dem Chefbüro, sind die Folgen meist spannend, witzig, charmant – Eigenschaften für das „Großstadtrevier".
Diese charakteristischen Eigenschaften bleiben auch bestehen, als das 14. Revier in das Kommissariat 14 umgewandelt wird. In der Folge 273 („Ungeschriebene Gesetze") gibt es diese Veränderungen zu sehen: Mit dem Einzug der Kripo in das Dienstgebäude wird aus dem 14. Revier das

Polizeikommissariat 14. Für Dirk Matthies bietet sich die einmalige Chance, den ungeliebten Chefsessel endlich wieder mit dem Platz am Steuer des Streifenwagens 14/2 zu tauschen. Dirk Matthies ist damit zurück im Streifendienst. Aber wer wird jetzt das Kommissariat leiten? Eine wichtige Frage, die nicht nur Lothar Krüger beschäftigt. Denn er macht sich in erster Linie viele Gedanken über den Nachfolger beziehungsweise, wie sich später herausstellt, seine Nachfolgerin. Stichwort: Teppich im Chefbüro.

Übrigens spielt es keine Rolle, wer gerade auf dem Chefsessel sitzt. Ob Rolf Bogner, Bernd Voß, Dirk Matthies selbst, Hanno Harnisch und Frau Küppers: das gesamte „Großstadtrevier" steht und fällt quasi mit Dirk Matthies alias Jan Fedder. er verkörpert den typisch norddeutschen Charakter: hart, aber letztendlich herzlich und verständnisvoll. Dirk matthies ist eher ein Raubein, ein echter Hamburger, der sich nicht an Konventionen hält und sich nicht verbiegen lässt.

Der Hauptdarsteller Jan Fedder wurde übrigens mehrfach zum beliebtesten Schauspieler des Nordens gewählt.

Ben Kessler und Katja Metz.

Immer Rufname „Peter 14/2", aber verschiedene Kfz-Typen.

Hannes Krabbes als Wachhabender und die beiden Zivilfahnder Hauke Jessen und Harry Möller im Großraumbüro im „Großstadtrevier".

Revierleiter Dirk Matthies alias Jan Fedder in den Staffeln 21 und 22 an seinem Arbeitsplatz im Kommissariat 14 in der Medelssohnstraße in Hamburg-Bahrenfeld.

Zivilfahnderin Harry Möller hat zwar in den vergangenen 390 Folgen nicht auf Personen geschossen, aber Gauner und Verbrecher sollten dennoch achtgeben: Die Waffe wird aber dennoch in einigen Folgen schon mal gezogen...

Peter Fieseler spielt beim „Großstadtrevier" den Ermittler Piet Wellbrook. Auf dem Foto rennt er einem mutmaßlichen Straftäter hinterher.

Nicole Heesters und ihre Tochter Saskia Fischer standen 2009 und 2013 an mehreren Drehtagen gemeinsam für das „Großstadtrevier" vor der Kamera. In den Folgen „Muttertag" und „Ein Schlag ins Gesicht" spielen sie (wie im echten Leben) Mutter und Tochter. Bei einem Pressetermin im fiktiven Polizeikommissariat 14 in Hamburg-Bahrenfeld sagte Saskia Fischer: „Das ist einfach wunderbar mit meiner Mutter zu drehen. Wir lachen viel zusammen und fühlen uns wohl. Das ist wie ein Heimspiel." Sowohl Saskia Fischer als auch Nicole Heesters wohnen in Hamburg.

Lothar Krüger im PK 14. Gespielt wird die Figur von Peter Heirnich Brix.

Der so genannte Lessingtunnel in Hamburg-Altona. Im Vorspann der ersten Staffeln fährt hier der Streifenwagen mit Funkrufnamen Peter 14/2 durch.

37

Kurz und knapp – Wissenswertes zur Serie

 Die Erstausstrahlung war am 16. Dezember 1986.

 Wer als **Komparse** beim „Großstadtrevier" mitmachen möchte, bewirbt sich am besten direkt bei der Produktionsfirma. Auf der Internetseite von Letterbox Filmproduktion GmbH können sich Interessierte über das Unternehmen schlau machen. Kurz Interesse bekunden und der Erfahrung, als Komparse durch das Bild zu laufen, steht nichts mehr im Wege.

 Sie möchten die **Folgen auf DVD**? Seit dem Jahr 2006 sind diverse DVD-Boxen auf den Markt. Inzwischen sind es über 20 Stück, die in diversen Internet-Shops käuflich zu erwerben sind.

 Der **Titelsong** zur Serie mit dem ersten Satz „Wenn der Schutzmann ums Eck kommt" wird von der deutschen Country-Gruppe „Truckstop" gesungen. In dem Moment, wo der Satz im Vorspann erklingt, fährt der Streifenwagen Peter 14/2 passend von der Reeperbahn in die Große Freiheit – ums Eck halt. Im ganz neuen Vorspann fährt der Peterwagen von links nach rechts über eine Brücke – kommt also auch quasi ums Eck (Bildschirms-Eck) gefahren...

 Es sind bereits einige **Bücher zur Serie** erschienen. Ende der 1980er Jahre erschien das Buch „Großstadtrevier – Drei Romane in einem Band" von H. W. Müller. Im Jahr 2003 erschien sowohl das Buch „Wachgeküsst" von Jürgen Roland und Jan Schröter, als auch das Buch „Schattengeister" von Jan Schröter. Seit September 2007 gibt es das Buch „Chefsache" im Handel zu kaufen. Auch die Bücher „Das 14. Revier", „Peter 14/2 auf Streife" und „Die Kultbullen aus Hamburg" sind käuflich zu erwerben.

 Es gibt zahlreiche **Merchandising-Produkte** im NDR Shop zu kaufen. T-Shirts, Schlüsselanhänger, Schlüsselbänder und DVDs sind nur einige Beispiele. Hierbei handelt es sich um offizielle Produkte der Serie. **Autogrammkarten** der Darsteller sind ebenfalls im Umlauf. Diese können bei der Produktionsfirma Studio Hamburg oder beim Norddeutschen Rundfunk angefordert werden. Ein adressierter und ausreichend frankierter Rückumschlag sollte unbedingt beigefügt werden, damit die Autogrammwünsche berücksichtigt werden. Von allen Darstellern gibt es

Autogrammkarten mit dem Schriftzug „Großstadtrevier".

Kay Sabban spielte in den ersten sechs Staffeln den Motorradpolizisten Neithardt Köhler. Der Schauspieler starb während der Dreharbeiten der 55. Folge („Zapfenstreich") in Folge einer schweren Krankheit. Seit des Todes von Kay Sabban ist die Rolle des Motorradpolizisten nicht mehr besetzt worden.

Einige Polizisten, die in der TV-Serie als Komparsen oder sogar Kleindarsteller mit Sprechrolle mitwirken, sind **„echte" Beamte** der Hamburger Polizei. Für die Zeit des Drehens werden sie von ihrem Dienst teilweise freigestellt oder sie drehen während ihrer Frei- oder Urlaubszeit. Aus Sicht der Polizei ist die Serie ein ideales Aushängeschild. Ein Sprecher der Landespolizei Hamburg sagte während einer Pressekonferenz: „**Die Serie ist die beste Werbung für die Polizei Hamburg.**"

Die **Figur Lothar Krüger** wurde mit Unterbrechung von zwei verschiedenen Schauspielern dargestellt. In den Jahren 1986–1993 von Mischa Neutze, dann folgte eine zweijährige Unterbrechung. 1995 stieß Peter Heinrich Brix dazu, der in den Folgen 85 bis 289 als Lothar Krüger zu sehen ist.

Viele Hauptdarsteller wie Peter Heinrich Brix, Jan Fedder, Wilfried Dziallas, Till Demtrøder, Marc Zwinz und Maria Ketikidou hatten einen Gastauftritt im „Großstadtrevier", bevor sie zur Stammbesetzung übersiedelten. Jan Fedder beispielsweise war zuvor Mieter einer Wohnung, der zu laute Musik abspielte und deswegen mit seinen Nachbarn in Streit geriet. Brix spielte einen Taxifahrer. Marc Zwinz spielte als Gastdarsteller einen Koch und Restaurantbesitzer. Auch Saskia Fischer wirkte vorher in einer Gastrolle mit.

Der Erfinder der Serie und **Regisseur Jürgen Roland** ist in einigen Folgen des „Großstadtreviers" selbst zu sehen. Mal taucht Roland als Polizist auf, mal steht er als Stadionsprecher vor der Kamera. Oftmals ist er auch als so genannter Off-Sprecher zu hören. In der Episode „Revanche" agiert er beispielsweise als Hallensprecher. In der Folge „Auf Gift gebaut" spielt er den Einsatzleiter der Polizei. In der Folge „Das schwarze Schaf" spielt er treffenderweise einen Regisseur.

- Der **Streifenwagen Peter 14/2** ist ein Fahrzeug von BMW, obwohl die Serie in Hamburg und nicht in Bayern spielt. In Hamburg gibt es in der Realität mehrheitlich Streifenwagen der Marken Mercedes und VW. Lediglich die Bundespolizei fährt mit einigen Modellen von BMW durch Hamburg. Nur vereinzelt haben einige Polizeikommissariate (die mit Autobahnanschluss zum Beispiel) und die Landespolizei Fahrzeuge der Marke BMW. Bei der „normalen" Hamburger Schutzpolizei ist es eine Seltenheit, Fahrzeuge der bayerischen Marke zu entdecken.

- **Die Serie wurde an mehrere Sendeanstalten in ganz Europa verkauft**. In Italien läuft sie beispielsweise unter dem Titel „14 distretto". Sie gehört in Deutschland zu den beliebtesten Fernsehserien.

- Die Erstaustrahlung dieser Serie war am 16. Dezember 1986 im Programm der ARD (Das Erste). Mittlerweile gibt es **390 ausgestrahlte Folgen**. Folgen aktueller Staffeln werden montags um 18.50 Uhr in das Erste gesendet. Wiederholungen gibt in den Dritten Landesprogrammen der ARD (zum Beispiel NDR Fernsehen, WDR Fernsehen, SWR Fernsehen).

- Die meisten Hauptdarsteller stehen in engem **Kontakt mit der „richtigen" Polizei** und fahren auch tatsächlich mit einer Streife mit, um so den realen Dienst bei der Polizei mitzubekommen. Authenzität ist beim „Großstadtrevier" elementar und mit Sicherheit ein Grund für den Erfolg. Einige Darsteller nehmen sogar am Schießunterricht teil, um das Halten und Handhaben einer Waffe zu lernen.

- Im Jahr 2011 wurde in das Gebäude in der Mendelssohnstraße 13 eingebrochen.

- Zum Andenken an den geistigen Schöpfer der Serie steht bis heute im Vorspann die Zeile „Eine Serie von Jürgen Roland".

- In der ersten Folge („Mensch, der Bulle ist 'ne Frau") hat der aus Frankfurt am Main stammende Schauspieler Karl-Heinz Hess einen Gastauftritt als Polizeipräsident und verbindet somit das „Großstadtrevier" mit den Vorläuferserien „Polizeifunk ruft" und „Hamburg Transit". Karl-Heinz Hess verstarb am 1. Juli 1995 in seiner Heimatstadt Frankfurt.

Die Darsteller und ihre Rollen

Jan Fedder Sophie Moser Peter Heinrich Brix Anja Nejarri Sebastian Hölz Maria Ketikidou Sven Fricke

Dorothea Schenck Till Demtrøder Lutz Mackensy Saskia Fischer Christoph Eichhorn Edgar Hoppe Britta Schmeling

Mads Hjulmand Mareike Carriere Marc Zwinz Arthur Brauss Andrea Lüdke Peter Fieseler

Brigitte Janner Matthias Walter Tommaso Cacciapuoti Steffen Groth Ann-Cathrin Sudhoff Jens Münchow

Peter Lohmeyer Wilfried Dziallas Kay Sabban Peter Neusser Harry Schmidt Wanda Perdelwitz Thomas Naumann

Jan Fedder als Dirk Matthies

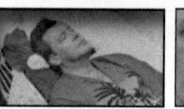

Weit über 200 Rollen im Theater, in Kinofilmen und im Fernsehen hat Jan Fedder bislang gespielt. Ob als Taucher Hinrichs in dem TV-Movie „Der Mann im Strom", als schnoddriger Bootsmann Pilgrim in „Das Boot", als Bauer Kurt Brakelmann in „Neues aus Büttenwarder" (an der Seite von Peter Heinrich Brix) oder als Dirk Matthies im „Großstadtrevier" – Jan Fedder ist ein echter Hamburger Jung mit rauer Schale und weichem Kern. Aber das Herz immer am richtigen Fleck. Der auf St. Pauli aufgewachsene Jan Fedder nimmt kein Blatt vor den Mund, ist musikalisch und zum Volksschauspieler avanciert. 2006 wurde Jan Fedder mit dem Deutschen Fernsehpreis als bester Schauspieler des Jahres für die Rolle des Taucher Hinrichs geehrt. Ein Jahr zuvor hatte er für das gesamte Team des „Großstadtreviers" die Goldene Kamera (Kategorie: „Beste Kult-Serie") in Berlin in Empfang genommen. Mit einer kleinen Gastrolle hat alles im „Großstadtrevier" angefangen. Es folgte der Einstieg als neuer Kollege Dirk Matthies, der zunächst an der Seite von Ellen Wegener (Mareike Carriere) auf Streife geht. Jan Fedder wohnt in der Nähe von Itzehoe und auf St. Pauli in Hamburg.

Zur Rolle: Dirk Matthies begann als einfacher Streifenpolizist und wurde im Jahr 2007 Revierleiter. Seitdem kümmert er sich um bürokratische Angelegenheiten, schreibt Dienstpläne und sorgt für Materialbestellungen und die Personalführung. Nicht gerade der Traumjob, für den Dirk Matthies geschaffen wurde. Er liebt den Geruch vom Hafen, die Reibereien zwischen Zuhältern und Prostituierten und kennt jeden Kneipenwirt auf St. Pauli persönlich. Sein Zuhause sind die Straßen von Hamburg. Da verwundert es kaum, dass Dirk Matthies als Revierchef seine eigenen Wege geht. Nichts hält ihn am Schreibtisch, wenn ernsthaft gehandelt werden muss. Ein so eigensinniger Mitarbeiter ist für seine Vorgesetzte Frau Küppers ein echtes Berufsrisiko: sie hat ihre Versetzung beantragt, weil sie Dirk Matthies nicht im Griff und die Auseinandersetzungen mit ihm satt hat. Dirk Matthies hält als Revierleiter nicht nur sein Team bei Laune, sondern verliert immer wieder einen lockeren Spruch. Er ist eben ein richtiger Kultbulle. Einmal Bulle, immer Bulle.

Dirk Matthies ist ein waschechter Hamburger, sein Vater soll tragisch ermordet worden sein. In der Folge „Jens 7 Jahre" erzählt Matthies seiner Kollegin Ellen Wegener seine Lebensgeschichte und geht auf seinen Vater ein. Allerdings klärt er am Ende der Folge auf, dass sein Vater nicht ermordet, sondern an Alkoholismus gestorben sei.

Sophie Moser als Nicole („Nicki") Beck

Bereits im Alter von sechs Jahren absolvierte Sophie Moser erste Auftritte als Violinistin. In den darauf folgenden Jahren gab sie als Teenie Konzerte in weltbekannten Sälen wie der New Yorker Carnegie-Hall, der Tonhalle in Zürich, dem Megaron in Athen und unter anderem dem Tschaikowsky-Saal in Moskau. Sophie Moser füllte die Säle und sorgte für Begeisterung. Sie errang zahlreiche Preise bei nationalen und internationalen Violinwettbewerben. Aber auch das Klavierspielen kam bei der jungen Musikerin nicht zu kurz. Damit aber nicht genug: Im Alter von zwölf Jahren gab Sophie Moser 1997 in der Kinokomödie „Immy the Kid" ihr Leinwand-Debüt. In diesem Kinofilm übernahm Sophie Moser die Hauptrolle. Kein Wunder also, dass die Jungdarstellerin zeitgleich mit ihrer Ausbildung zur Musikerin mit dem Schauspieltraining begann. Im Jahr 2008 schloss sie ihr Studium an der Musikhochschule Köln erfolgreich ab. Bereits zwei Jahre zuvor stieß sie zu den Dreharbeiten ins „Großstadtrevier". Dort übernahm sie die Rolle der Nicole „Nicki" Beck – ihre erste durchgehende Serienrolle.

Zur Rolle: Nicole Beck besucht noch die Polizeischule und stößt während eines Praktikums ins Revier 14. Sie ist über Monate hinaus im Team integriert und hat sich mittlerweile gut eingefügt. Nicki kennt die wichtigsten Arbeiten im Revier: Akten sortieren, Protokolle schreiben und bearbeiten und den obligatorischen Telefondienst. Sie ist die jüngste Polizistin im 14. Revier und absolviert zusammen mit ihrem „Bärenführer" Lothar Krüger Innendienst. Dort kann sie ihre Stärken, Spontaneität und kreatives Denken voll einbringen. Sie kommt mit ihren Kollegen gut aus, auch wenn es schon mal die eine oder andere Situation gibt, die sie fast überfordert. Besondere Problematik: Nicki muss ihre Prüfungen bestehen – und davor hat sie richtig Bammel. Denn erst wenn diese in der Tasche sind, steht dem Polizeidienst nichts mehr im Wege. Aber bis dahin ist es noch ein langer und steiniger Weg. Nicki ist begabte Violinistin und handelt ab und an nach ihrem Bauchgefühl – aber immer adäquat nach Dienstvorschrift! Sie sagt gerne, was sie denkt und vetritt ihre Meinung.

Ein ausführliches Interview mit Sophie Moser über die Rolle der Nicki Beck lesen Sie auf Seite 212 und 213.

Sophie Moser als Nicole „Nicki" Beck im Eingangsbereich des Polizeireviers 14.

Peter Heinrich Brix als Lothar Krüger

Es war eine Zäsur in seinem Leben: Etwa zehn Jahre lang hat der staatlich geprüfte Landwirt Peter Heinrich Brix seinen Bauernhof in der Nähe von Flensburg (Schleswig-Holstein) bewirtschaftet. 1989 legte er die Verantwortung für den Besitz in andere Hände. Seitdem ist er ausschließlich als Schauspieler aktiv. Peter Heinrich Brix, der bereits einige Jahre mehr oder weniger hobbymäßig an der Niederdeutschen Bühne Flensburg gespielt hatte, wollte nun professionell als Schauspieler arbeiten. Sein Plan ging auf: Nach Engagements am Ernst-Deutsch-Theater in Hamburg und vielen Hörspiel- und Fernsehrollen übernahm er 1995 die Rolle des Lothar Krüger im Großstadtrevier. Weitere Paraderollen, in denen er in den vergangenen Jahren vor der Kamera stand: als Kommissar Geiger an der Seite von Ottfried Fischer in der Serie „Pfarrer Braun", neben Jan Fedder in der norddeutschen Kultserie „Neues aus Büttenwarder", in der Produktion „Butter bei die Fische", sowie seit einigen Jahren mit Jörg Schüttauf in den „Heimatgeschichten". Brix spielte in seiner Laufbahn als Schauspieler aber auch schon einen Kinderschänder und stand als Feuerwehrmann vor der Kamera. Die meisten Fernsehzuschauer kennen ihn allerdings als Kultbullen Lothar Krüger im „Großstadtrevier".

Zur Rolle: Lothar Krüger wird eines in seinem Dienstleben wohl nicht mehr los: die Aktenberge, die sich auf seinem Schreibtisch nur so stapeln. Aber Lothar ist ja auch nicht der Aktenhengst, sondern das elementare Herzstück des 14. Reviers. Er ist ein engagierter Polizist und vor allem ein gutmütiger Kollege. Insbesondere bekommt die Polizeischülerin Nicole Beck die Qualitäten ihres „Bärenführers" zu spüren. Als Dirk Matthies zu einem Sonderauftrag abgezogen wird, beweist Lothar, dass er auch als kommissarischer Revierchef seinen Mann stehen kann.

Es muss ja niemand wissen, dass er Dirk per Telefon dann doch um ein paar Ratschläge und Hilfe bittet. Lothar Krüger ist für den Innendienst abbestellt. Anfangs mit Dietmar Steiner verrichtet er seit einigen Jahren seinen Dienst an der Seite von Nicole Beck auf der Wache. Er übernimmt den Sprechfunk, kümmert sich um Falschparker und ist einfach da – für „Kunden" des Reviers und natürlich für alle seine Kollegen...

In der 22. Staffel scheidet Lothar Krüger aus dem Polizeidienst aus. Krüger gewinnt im Lotto. Endlich hat er genug Geld, um sich einen Lebenstraum zu erfüllen. Zumindest sehen das seine Kollegen vom Hamburger Kiez so. Lothar Krüger möchte angesichts von zwei Millionen Euro Gewinn aber erst einmal nur, dass alles so bleibt, wie es ist. Denn Veränderungen können auch Angst machen. Nicole Beck hat aber lange genug mit Lothar zusammengearbeitet, um zu wissen, wie man Lothar Krüger zu seinem Glück überredet. Kurzer Hand packt er all seine Habseligkeiten in einen Karton (Foto unten) und verlässt vor den Augen seiner Kollegen das 14. Revier. Seitdem tourt er mit der Niederdeutschen Theaterbühne durchs Land...

Ein ausführliches Interview mit Peter Heinrich Brix über die Rolle des Lothar Krüger lesen Sie auf Seite 208 und 209.

In der Folge „Bretter, die die Welt bedeuten" (289) hat Lothar Krüger, wie sich zeigt, nicht nur eine Vorliebe für das Plattdeutsche, sondern auch eine besondere Beziehung zu dem Stück, das auf dem Spielplan steht: „Don Quijote op plattdütsch". Er entscheidet sich in dieser Episode seinen Polizeidienst zu quittieren und Schauspieler zu werden.

Anja Nejarri als Streifenpolizistin Katja Metz

Anja Nejarri wurde am 12. April 1975 in Köln geboren. Sie machte zunächst eine Lehre als Dekorateurin, bis sie die Lust am Schauspiel entdeckte und lebte bis zu ihrem Einstieg ins Großstadtrevier unter anderem in Berlin und Köln. Als Schauspielerin hat sie sich in der Zeit von 1995 bis 1997 in der täglichen Serie „Jede Menge Leben" Kameraerfahrung geholt. Es kamen zahlreiche Episodenhauptrollen in diversen Fernsehserien wie beispielsweise bei der „Küstenwache", „Alarm für Cobra 11" und die durchgehende Hauptrolle als Daniela von Hohenkamp in der ARD-Vorabendserie „St. Angela" auf sie zu. Diese Rollen haben Anja Nejarri zu einer gefragten Schauspielerin gemacht. Anja Nejarri lebte während ihrer Rolle als Katja Metz in Hamburg.

Zur Rolle: Katja Metz begann als Streifenpolizistin an der Seite von Dirk Matthies ihren Dienst auf dem 14. Revier. Im Team fuhren beide den Michel 14/2 und kümmerten sich um die Bedürfnisse der Hamburger. Ruhestörung, Einbrüche, Verkehrsunfälle – mit ihrer ruhigen Art ist sie an ihren Aufgaben peu á peu gewachsen. Dann der Schuss auf Dirk Matthies. Von heute auf morgen verliert Katja Metz ihren Partner, mit dem sie jahrelang auf Streife ging. Der neue Kollege Ben Kessler stößt dazu. Mit ihm ist sie sich zwar oft uneins, dennoch ist aus den Kollegen im Peterwagen 14/2 ein richtig gutes Team geworden. Kein Wunder, denn Gegensätze ziehen sich bekanntlich an. Wenn die gradlinige Katja Metz ihren Dickkopf einsetzt und auf Streife die Führungsrolle übernimmt, wird es brenzlig. Sie sagt, was sie will und sie sagt, was sie denkt. Sie stellt sich sogar als Lockvogel im Auftrag der Kriminalpolizei zur Verfügung, um einen Sexgangster dingfest zu machen, der mehrere Frauen im Bereich der Außenalster überfallen und schwer verletzt hat. Keine Frage, dass ihr Kollege Ben in solchen Fällen Katja zur Seite steht. Ein Risiko ganz anderer Art ist allerdings die vorübergehende Wohngemeinschaft mit Ben. Allzu nah möchte die vorsichtige Polizistin aber ihren Kollegen nicht kommen lassen. Dies ist leichter gesagt als getan, wenn sich beide kurzfristig eine Wohnung teilen. Ben und Katja kommen im Laufe der Zeit sehr gut miteinander aus – privat wie beruflich. In der 288. Folge („Im Zeichen des Zweifels") hat Katja Metz ihren letzten Diensttag im Kommissariat 14.

Thomas Naumann als Polizist Georg Thiede

In den 1980er Jahren erlangte Thomas Naumann durch seine Moderation zusammen mit dem computeranimierten Wuslon Zini in der Sendung „Spaß am Montag" große Bekanntheit unter jugendlichen Fernsehzuschauern. Es folgten Rollen in „Die Schwarzwaldklinik", „Jupiter Moon" und der Familienserie „Diese Drombuschs". Danach gab es regelmäßig Rollen in Fernsehserien wie „Großstadtrevier", „Der Landarzt", „Hallo, Onkel Doc!", „Für alle Fälle Stefanie", „Die ache", „In aller Freundschaft", „Adelheid und ihre Mörder" und „Unser Charly". Auch in der Krimireihe „Tatort" wirkte Naumann mit. Schauspieler Thomas Naumann wohnt in Hamburg und steht noch heute für verschiedene Serien vor der Kamera.

Zur Rolle: Polizeihauptwachtmeister Georg Thiele schiebt im 14. Revier in den Folgen 1 bis 6 Innendienst an der Seite von Dietnar Steiner (Edgar Hoppe) und Lothar Krüger (Mischa Neutze). Er hat immer für einen lockeren Spruch auf der Zunge und weist Neithardt Köhler auch mal zurecht.

Sebastian Hölz als Streifenpolizist Ben Kessler

Seine Ausbildung hat Schauspieler Sebastian Hölz am Mozarteum in Salzburg (Österreich) absolviert. Neben zahlreichen Theaterengagements, beispielsweise am Schauspielhaus Zürich, an der Volksbühne Berlin und dem Staatstheater Nürnberg, hat er Rollen bei diversen namhaften Fernsehproduktionen angenommen. Sebastian Hölz konnte dabei in Serien wie „Medicopter 117", „Soko Kitzbühel" und in der beliebten TV-Serie „Kommissar Rex" (mit einem Schäferhund in der Hauptrolle) Krimi-Erfahrung sammeln, bevor er erstmals in der 21. Staffel als Streifenpolizist Ben Kessler und Partner von Katja Metz (Anja Nejarri, Seite 62) im Großstadtrevier vor der Kamera

stand. Beide trafen sich erstmals bei einem Einsatz in einem Hochhaus, in dem Polizist Dirk Matthies angeschossen wurde.

Zur Rolle: Sebastian „Ben" Kessler ist ein junger Polizist, der nach dem Anschlag auf Dirk Matthies vom 32. ins Team des 14. Reviers stößt. Dirk Matthies liegt schwer verletzt im Krankenhaus, während Katja Metz mit dem neuen Kollegen Ben Kessler den Schützen sucht. Es rattert im Karton zwischen beiden Streifenpolizisten, denn sie verstehen sich anfangs gar nicht.

Im Laufe der Zeit erobert sich der kernige, attraktive Polizist eine feste Position im Team. Die alteingesessenen Beamten wissen: Ben Kessler ist da, wenn man ihn braucht. Vor allem Katja Metz hat diese Eigenschaft an ihrem Kollegen schätzen gelernt. Jeder ahnt schon im Vorwege, was der andere denkt. Hin und wieder kommt es zu kleinen Reibereien zwischen Katja und Ben: „Benutzt du etwa mein Champoo?"

Auch wenn Ben gegenüber seiner hartnäckigen Kollegin immer loyal ist, weiß er sie doch auch zu bremsen, wenn sie in ihrem Eifer zum Erfolg über das Ziel hinausschießt. Ab und zu muss Ben Katja vor sich selber schützen. Genau das sieht Katja allerdings ganz anders: Katja hat einiges damit zu tun ihre Privatsphäre zu schützen, als Ben vorübergehend in ihre Wohnung einzieht. Während des Zusammenwohnens gibt es ebenfalls einige Reibereien. Aber: Ist Katja gegenüber Bens Flirtversuchen wirklich so resistent, wie sie behauptet? Beide verstehen sich immer besser und bilden ein gutes Paar – „Streifenpaar". In der 22. Staffel quittiert Ben Kessler seinen Dienst, um Profi-Fußballtrainer zu werden.

Maria Ketikidou als Hariklia („Harry") Möller

Schauspielerin Maria Ketikidou wurde im Jahr 2005 zur Bayerischen Ehrenkommissarin ernannt. Ihr Lohn für langjährigen, unermüdlichen Einsatz als Zivilfahnderin Harry Möller im Großstadtrevier. Ihre erste Filmrolle hatte Maria Ketikidou in „Die Heartbreakers". Als Schülerin hatte sie sich auf die Rolle der Rocksängerin Lisa beworben und wurde schwups angenommen. Danach folgten Hauptrollen in Fernsehfilmen wie „Alles Paletti" (1984), „Das Traumauto" (1987) und „Aufs Ganze" (1988) sowie zahlreiche Gastrollen in Serien wie „Adelheid und ihre Mörder" und beispielsweise „Peter Strohm".
Seit 1994 ist Maria Ketikidou im Team des Großstadtreviers. Sie spielt die sympathische und durchsetzungsfähige Zivilfahnderin Harry Möller. Mit Henning Schulz (Till Demtrøder, Seite 68) an ihrer Seite, ermittelt sie undercover im Hamburger Milieu. Maria Ketikidou wuchs in Itzehoe (Schleswig-Holstein) auf und lebt heute im Hamburger Stadtteil Rotherbaum unweit der Außenalster.
Zur Rolle: Sie ist klein, hat es aber faustdick hinter den Ohren. Hariklia „Harry" Möller, Zivilfahnderin griechischer Herkunft, kommt schnell zur Sache. Sie ist eine konsequente und hartnäckige Persönlichkeit im Revier 14 und eckt auch schon des Öfteren

bei ihrem Partner Henning Schulz an. In Harry vereinen sich Sanftheit und Beharrlichkeit und gerade deshalb ist sie aus dem Team des Reviers 14 nicht mehr wegzudenken. Charmant, nett und hilfsbereit – wenn es drauf an kommt, weht aber ein sehr harter Wind und sie zappelt nicht lange. Mit ihrem Kollegen Henning Schulz verbindet sie aber nicht nur die gute Zusammenarbeit. Beide gehen auch als Freunde durch dick und dünn und verbringen das eine oder andere Weihnachtsfest miteinander (Zitat Harry: „Aber ich will Weihnachtslieder singen"). Meistens ist es jedoch Harry, die ihrem Kollegen bei persönlichen Problemen auf die Sprünge hilft. Sie kennt ihren Henning, weiß ihn so zu nehmen, wie er ist. Harry Möller gibt ihm auch schon mal den entscheidenden Schubs, wenn Henning in der Einschätzung seines Gegenübers mal wieder daneben liegt. Ob privat mit seiner Freundin Eva oder beruflich mit mutmaßlichen Verbrechern. In der 23. und 24. Staffel geht Harry Möller mit ihrem neuen Partner Hauke Jessen (gespielt von Steffen Groth) in zivil auf Ganoven- und Verbrecherjagd. Ab der Staffel 25 hat Harry Möller wieder einen neuen Partner an ihrer Seite: Mads Thomsen (gespielt von Mads Hjulmand).

Dorothea Schenck als Anna Bergmann

Dorothea Schenck wurde 1971 in Berlin geboren. Sie absolvierte ihre Schauspielausbildung am „Theaterstudio Friedrichstraße" in der Bundeshauptstadt und sammelte zudem Erfahrungen im Bereich Regie im „Theater am Dom" in Köln. Sie stand zunächst in Serien wie „Für alle Fälle Stefanie" und „Der Fahnder" vor der Kamera, bevor sie im Großstadtrevier erstmals die Rolle der Streifenpolizistin Anna Bergmann übernahm (1998 bis 2003). Danach übernahm sie unterschiedliche Rollen unter anderem in „Die Handschrift des Mörders", „Der letzte Zeuge", „Neues aus Büttenwarder", „Unser Charly" und beispielsweise „Edgar Wallace – Die vier Gerechten". Nach ihrem vorübergehenden Abschied vom Großstadtrevier konnte der Fernsehzuschauer Dorothea Schenck in „Hallo Robbie!", „Soko Kitzbühel", „Rosamunde Pilcher: Wolken am Horizont", „Unter weißen Segeln"

und „Italien im Herzen" im Fernsehen erleben. Dorothea Schenck lebt in Berlin und ist Mutter von drei Kindern. Sechs Jahre und 98 Episoden pausierte Dorothea Schenck. In der Folge 290 kehrt die sympathische Schauspielerin ins Großstadtrevier zurück.

Zur Rolle: Jahrelang fährt Anna Bergmann mit Dirk Matthies auf dem Peter 14/2 durch Hamburg.

Dann wird sie schwanger und hängt ihren Job als Polizistin zunächst an den Nagel. Ihr Sohn Max wird geboren, Mutter Anna kann für eine gewisse Zeit in einem Imbiss jobben. Dann der Entscluss: sie kehrt wieder zurück in den Polizeidienst. Auch wenn es

ihr als alleinerziehende Mutter manches Mal schwerfällt, ihren Sohn und den Job als Polizistin unter einen Hut zu bringen: sie hat die Rückkehr ins Team des Kommissariats 14 nie bereut. Privat fehlt ihr allerdings ein Partner. Zum Glück begegnet ihr in ihrem Job der eine oder andere Mann, mit dem sie flirten kann. Aber auch alte Lieben tauchen wieder auf. Als ihr Ex-Freund Markus bei einem gemeinsamen Essen vergiftet wird, machen sich Dirk und Anna auf die Suche nach den Ursachen.

Sie ist herzensgut, nett und hilfsbereit. Aber sie sagt auch schon mal ihre Meinung, wenn ihr etwas nicht passt. Anna Bergmann ist in den Folgen 125 bis 191, sowie 290 bis 326 im „Großstadtrevier" zu sehen.

Till Demtrøder als Zivilfahnder Henning Schulz

Till Demtrøder gehört zweifelsohne zu den meist beschäftigten Schauspielern in Deutschland. Seit über 20 Jahren spielt er im „Großstadtrevier" den Polizisten Henning Schulz (anfangs Schutz-, jetzt Zivilpolizist). Wenn Till Demtrøder nicht gerade vor der Kamera für die Sicherheit in der Hansestadt Hamburg sorgt, agiert er an der Seite von Seelöwen in der ZDF-Serie „Hallo Robbie" oder schlüpft in die Rolle von Rechtsanwalt Wanja Teschner, dem Sohn vom Ex-Landarzt Dr. Ulrich Teschner. Die meisten TV-Zuschauer kennen ihn allerdings als den Zivilbeamten Henning Schulz, der zusammen mit Partnerin Harry Möller Einbrechern, Erpressern und Dieben auf der Spur ist. Ein Zivilfahnder, der seinen Job aus dem Eff-Eff beherrscht, in Liebesdingen allerdings noch einiges zu lernen hat.

Mit elf Jahren gab Till Demtrøder sein Debüt in der Literaturverfilmung „Am Südhang" und hatte seitdem einen klaren Berufswunsch. Nach dem Studium im Schauspielstudio Hamburg übernahm Till Demtrøder diverse Theaterengagements, bevor er sich als Schauspieler auf dem Bildschirm etablierte. Zugleich arbeitet er als Synchron- und Werbesprecher sowie als Autor.

Zur Rolle: Niemand hätte es für möglich gehalten: Zivilfahnder Henning Schulz, der sich manchmal zu Höherem berufen fühlt und sich für einen Frauentyp hält, ist sicher in den Hafen der Ehe eingelaufen. Damit ist Henning Schulz der Einzige im Team des Reviers 14, der verheiratet ist. Aber hat er in Eva auch die Richtige gefunden? Eine Ehe ist kein reines Zuckerschlecken, sondern kann nur dauerhaft gelingen, wenn sich beide aktiv darum bemühen, die Ehe lebendig zu halten. Genau das versucht Henning – nachdem ihm Kollegin Harry ein paar Tipps gegeben hat. Immerhin waren sie auch mal ein Paar. Öffentlich bekannt haben sich Henning und Harry zu ihrer Liebe, als beide zusammen mit den Kolle-

gen auf Landpartie in Schleswig-Holstein waren. Es war allerdings nur eine Frage der Zeit – getuschelt wurde über die Beziehung wochenlang. Henning ist ein cooler Typ, der manches Mal über fünf Ecken denkt, bevor er zum Ziel kommt. Henning Schulz eben. In der Folge 285 („Ein neuer Anfang") kommt ein neuer Kollege ins Kommissariat 14: Hauke Jessen. Der sympathische Kollege aus dem nordfriesischen Husum, wird als Vertretung für Henning Schulz eingestellt, der als Polizeiausbilder für sechs Monate nach Afghanistan geht. Henning SChulz kehrt dann noch einmal nach Hamburg zurück, entscheidet sich aber in Folge 294 („Hilfe hat kein Warum") für den endgültigen Umzug nach Afghanistan. Der letzte Einsatz von Henning Schulz in seiner Heimatstadt Hamburg: Harry Möller und Henning Schulz unterstützen

die Kollegen von Zoll und Arbeitsamt unter der Führung von Burkhard Bauer bei einem Einsatz gegen Schwarzarbeit und treffen dabei auf Nurija, eine junge Afghanin, die illegal in Hamburg lebt. Henning kennt die Geschichte des jungen Mädchens, denn während seines Einsatzes in Afghanistan hatte er ihren Bruder Hamil zum Polizisten ausgebildet.

Lutz Mackensy als Kriminalrat Iversen

1958 gab Lutz Mackensy in der Komödie „Meine 99 Bräute" sein Spielfilmdebüt. Fast zehn Jahre später verlagerte sich sein künstlerischer Schwerpunkt peu á peu auf Film- und Fernsehproduktionen. Er spielte unter anderem Rollen im „Tatort", „Polizeiruf 110" und „Rosa Roth". In der Science Fiction-Serie „Der Androjäger" verkörperte er die Hauptrolle des Außerirdischen, der auf der Erde nach Aliens sucht, um sie auf ihren Heimatplaneten zurückzuschicken. In der Serie „Kasse bitte!" spielte Mackensy einen gestressten Filialleiter eines Lebensmittelmarktes. Außerdem spielte er wiederkehrende Rollen in den ZDF-Serien „Der Landarzt" (Zeitungsreporter) und Stubbe – Von Fall zu Fall", in der er als penibler und vorallem sehr arroganter Kommissar der Hauptfigur Stubbe (gespielt von Wolfgang Stumph) das Leben schwer macht.

Zur Rolle: Apropos das Leben schwer machen: Als selbstgerechter und unzulänglicher Vorgesetzter taucht Lutz Mackensy des Öfteren als Kriminalrat Iversen im Großstadtrevier auf. Immer wenn die Kripo eingeschaltet werden muss, kann der Fernsehzuschauer sicher sein, dass Kriminalrat Iversen als erster durch die Tür des Reviers kommt und vorlaute Bemerkungen über die Streifenpolizisten verliert. „Hallo die Herren von der Trachtentruppe", werden die Beamten vom 14. Revier meist begrüßt. Stets gerät Iversen während seiner Ermittlungen vor Ort mit Dirk Matthies und seiner jeweiligen Partnerin (je nach Folge) aneinander. Für den Kripobeamten sind Matthies und Konsorten vor Ort nur störendes Beiwerk, das allenfalls zum Absperren des Tatorts geeignet ist. Steht ein Fall vor der Aufklärung, ist es natürlich immer der Verdienst der Kripo – nicht der Schutzpolizei. So gibt der durchaus tüchtige Iversen gerne Interviews gegenüber der

Presse, steht gern im Vordergrund und erntet sozusagen die Früchte, die die Beamten des 14. Reviers ins Leben gerufen haben. Dies regt Dirk Matthies natürlich immer wieder auf und er springt in so manchen Folgen fast an die Decke. Denn Dirk Matthies möchte sich von der Kripo natürlich nicht in die Ermittlungen fuschen lassen. Schon gar nicht von Kriminalrat Iversen, der grundsätzlich davon überzeugt war, er täte das Richtige und hätte immer die heißeste Spur. Denn in all den Folgen war dies selten bis nie der Fall. Meist lösten die Beamten vom 14. Revier den Fall auf ihre Art, während Iversen in den Ermittlungen steckenblieb. Mit Charme, Menschenkenntnis und viel Humor. Auch wenn es „von oben" immer wieder rügende Befehle gab, ließen sich die Beamten – meist mit Rückendeckung des Revierleiters – nicht davon abbringen, die Fälle zu lösen. Es wurden Überstunden gemacht, Zeugen ausgefragt und mutmaßliche Verbrecher observiert. Bei diesen Tätigkeiten stießen die Beamten oftmals auf Iversen, der mit seiner Truppe ebenfalls den Verbrechern auf der Spur war. Kennzeichnend für Iversen sind vor allem seine schnell aufbrausende und impulsante Art, sein Irrglaube immer im Recht zu sein und seine Abneigung gegen die Arbeit und Effizienz der „Trachtengruppe in grün". Wenn Kriminalrat Iversen auftaucht, kann der Fernsehzuschauer sicher sein: Iversen liegt mit seinen Ermittlungen immer falsch – erntet am Ende aber immer Lob, weil er mithilfe der Beamten des 14. Reviers die Fälle aufklärt. In den jüngsten Staffeln tritt Kriminalrat Iversen nicht mehr auf.

Saskia Fischer als Vorgesetzte Frau Küppers

Ihre Ausbildung absolvierte Saskia Fischer an der Hochschule für Musik und darstellende Kunst in Wien. In der österreichischen Hauptstadt besuchte Saskia Fischer das Konservatorium der Stadt Wien. Seit Mitte der 1980er Jahre ist Saskia Fischer vornehmlich auf den Theaterbühnen in Deutschland zu sehen und spielt mit großem Erfolg die unterschiedlichsten Rollen. Saskia Fischer spielte unter anderem Lola, Ophelia, Lady Milford, Lorcas „Dona Rosita", Maria Stuart, sang den Teufel in „Black Rider", spielte eine Doppelhauptrolle in „Die Entdeckung der Currywurst". Dabei arbeitete die Enkelin von Jahrhundertschauspieler Johannes Heesters und Tochter von Schauspielerin Nicole Heesters mit zahlreichen namhaften Regisseuren zusammen. Im Fernsehen hat es ihr vor allem die Sendereihe „Tatort" angetan. Saskia Fischer stand bis 2008 zehn

Male für die Krimireihe vor der Kamera und überzeugte das Publikum. Seit 2008 ist Saskia Fischer im Team des „Großstadtreviers" dabei. Sie spielt die Vorgesetzte von Revierleiter Dirk Matthies.

Zur Rolle: Wenn Frau Küppers ins Großraumbüro ins 14. Kommissariat kommt, herrscht Eiseskälte. Ein rauer Umgangston und starker Gegenwind weht den Beamten, insbesondere Revierleiter Dirk Matthies, entgegen. Nett, aber bestimmend verteilt Frau Küppers diverse Aufgaben und rügt an und ab das sehr eigenwillige Verhalten der Beamten. Frau Küppers verkündet auch schon mal ohne Angabe von Gründen die Anordnung, dass Dirk Matthies vorübergehend vom Dienst abgezogen wird und Lothar Krüger derweil dessen Pflichten als Chef des 14. Reviers übernimmt. Beinahe kommentarlos müssen Lothar und Kollegen dies hinnehmen. Dennoch ist das Verhältnis angenehm.

Frau Küppers wird nett begrüßt, freundliche Gespräche werden geführt. Als Frau Küppers Ihre eigene Versetzung beantragt, kommt sogar eine gewisse Freundschaft zwischen Dirk Matthies und Frau Küppers ans Tageslicht. Der Revierleiter steht vor Hamburgs Polizeipräsidium und wartet auf Frau Küppers, die ihm einen Kaktus überreicht. Wenige Tage später ist die Versetzung annulliert – sie bleibt Vorgesetzte von Dirk Matthies und dem gesamten Team.

In der 27. Staffel steht das „Großstadtrevier" unter Schock: Kaum ist Dirk Matthies (Jan Fedder) nach überstandener Krankheit zurück aus Kanada, wirft er alles hin. Ein Schicksalsschlag lässt ihn seine Uniform an den Haken hängen. Und diese Entscheidung hat Konsequenzen für das ganze 14. Revier. Nichts ist mehr, wie es einmal war. In einer dramatischen Doppelfolge erschießt Matthies einen jungen Menschen – und will danach aufhören. Auf Zureden seiner Kollegen nimmt er seine Entscheidung zurück, doch die Uniform bleibt im Schrank. Matthies wird Milieu-Ermittler auf dem Hamburger Kiez. Als Informant, vertrauensvoller Zuhörer und Verhandlungsführer macht der Kommissar künftig das, was er am besten kann: Auf dem Kiez ermitteln. Dort kennt er sich aus, hat Kontakte und Beziehungen. Er sitzt quasi an der (Informations-) Quelle.

Edgar Hoppe als Dietmar Steiner

Der 1937 geborene Edgar Hoppe wurde an der Hochschule für Musik und Theater Hannover ausgebildet. Sein erstes Engagement erhielt er 1956/1957 in Hildesheim. Im Anschluss war Edgar Hoppe in verschiedenen Schauspielhäusern beschäftigt, darunter im Schauspielhaus Bochum, Wiesbaden, sowie am Deutschen Schauspielhaus Hamburg. Auch auf den Brettern des Thalia Theaters Hamburg war er des Öfteren tätig. Edgar Hoppe arbeitete darüber hinaus fürs Radio und wirkte in zahlreichen Fernsehproduktionen mit. Auch als Synchronsprecher machte er sich einen Namen. Edgar Hoppe lebt zurückgezogen im Hamburger Stadtteil Volksdorf.

Zur Rolle: Dietmar Steiner ist das Herz und die Seele des 14. Reviers. Er ist ein richtiger Freund und Helfer wie er im Buch steht. Hilfsbereit und freundlich – und das nicht nur gegenüber den „Kunden" der Polizeiwache, sondern auch bei seinen Kollegen. Das Zwischenmenschliche spielt bei Dietmar Steiner eine sehr große Rolle: Er merkt sofort, wenn Kollege Krüger beispielsweise private Probleme hat. Gibt es im Hause Bogner Streit, steht Dietmar Steiner mit Rat und Tat zur Seite. Auch nach Feierabend wird auf der Wache stundenlang geredet. Polizeihauptmeister Steiner hat wohl schon viele Hundert Mal seine berühmte Frage gestellt: „Was kann ich für Sie tun?" In den meisten Fällen kann er tatsächlich etwas tun, wenn wieder Ratsuchende, Hilflose und Verzweifelte vor ihm am Tresen des Wachraums stehen. Gerne sieht er sich als engagierten Beamten, der auch mal Kartons oder schwere Einkaufstaschen von netten Nachbarinnen der Wache in den fünften Stock trägt. Er flirtet gerne mit Frauen und sieht Kollege Lothar Krüger nicht nur als Arbeitskollegen, sondern vielmehr als guten Freund und guten Mitbewohner an. Er macht sich stets um den Gesundheitszustand von Krüger Sorgen. „Mama Steiner" schnüffelt gerne mal hinterher und passt auf. Dietmar Steiner lebt für sein Revier und versorgt es mit jener Portion Humor, Optimismus und menschlicher Wärme, an der die Zuschauer so gern teilhaben. Steiner liebt Erdnüsse und leckere Kuchen – und wird liebevoll „Dicker" genannt. In der Folge „Das Leben ist schön" (191) verlässt Dietmar Steiner das 14. Revier. Er zieht zu seiner Freundin Helga nach Frankfurt.

Britta Schmeling als Maike Bethmann

Nach dem Abitur besuchte Britta Schmeling die Schauspielschule Kiel. Ihren ersten Fernsehauftritt hatte sie in dem Film „Die besten Jahre kommen noch", später spielte sie die Schreinergesellin Gisela in der Fernsehserie „Die Wicherts von nebenan". Im Jahre 1992 übernahm sie dann an der Seite von Jan Fedder die Rolle der Streifenpolizistin Maike Bethmann im „Großstadtrevier". Sie spielte diese Rolle bis 1994 (Folgen 63 bis 72). Sie lebt in Berlin.

Zur Rolle: Maike Bethmann war die Nachfolgerin von Ellen Wegener und saß an der Seite von Dirk Matthies auf dem Streifenwagen Peter 14/2. Beide mussten sich erst einmal aneinander gewöhnen. Zunächst biss sie bei Dirk Matthies auf harten Granit und sie musste ganz schön gegen ihn „ankämpfen". Mit der Zeit schmolz jedoch das Eis und beide bildeten ein nettes Team im 14. Revier.

Mads Hjulmand als Mads Thomsen

Mads Hjulmand, geboren am 12. November 1982, in einer Kleinstadt nördlich von Kopenhagen (Dänemark), hat von 2004 bis 2008 die Nationale Theaterschule Dänemark besucht. Ein Semester hat er am Konservatorium in Wien studiert. Nach seinem erfolgreichen Abschluss spielte er auf mehreren Theaterbühnen und übernahm diverse Rollen in dänischen TV-Serien. Hjulmand war im Jahr 2009 in der Fernseh-Komödie „Ein Mann, ein Fjord" an der Seite von Hape Kerkeling zu sehen. Die Figur des Zivilfahnders Mads Thomsen ist seine erste Serienrolle in Deutschland. Seit Folge 311 ist er der neue Zivilfahnder im „Großstadtrevier" an der Seite von „Harry" Möller alias Maria Ketikidou. Mads Hjulmand wohnt zur Hälfte in Dänemark und Hamburg.

Zur Rolle: In der Folge 310 („Sturköppe") steht ein Wechsel bei den Zivilfahndern im „Großstadtrevier" bevor. Hauke Jessen verlässt das 14. Revier und Mads Thomsen ist startklar. Er ist ein Womanizer, der aus Kopenhagen nach Hamburg gekommen ist, weil er in seiner Heimatstadt nicht mehr mit seinen Frauengeschichten klar kam. Aber natürlich hat er seinen Charme nicht zwischen Kopenhagen und Hamburg verloren, was ihn wieder in neue Probleme bringt. Mads ist ein eher lockerer Typ, der auch schon mal mit einer Zeugin flirtet. Gleichzeitig trägt er mit seinen kreativen Ideen zum Erfolg des Ermittlerteams wesentlich bei. Mit seiner neuen Streifenpartnerin Harry Möller (Maria Ketikidou) versteht er sich blendend. Zu gut, wie Kommissariatsleiterin Frau Küppers zunehmend meint. Auch bei den anderen Polizisten punktet er – besonders sein dänischer Dialekt kommt gut an.

In der Folge „Mads Entscheidung" (382) wird im 14. Kommissariat eine Weiche gestellt. Mads Thomsen hat sich entschieden, endgültig in Hamburg zu bleiben. Frau Küppers überreicht ihm die Ernennung zum Kommissar.

Mads Hjulmand als Mads Thomsen und Maria Ketikidou als Harry Möller. Beide sind als Zivilfahnder in den Folgen 311 bis 382 zu sehen.

Die Kollegen des PK 14 bereiten eine Überraschungsparty in der Eckkneipe von Big Harry (gespielt von Harry Schmidt) vor. Zuvor aber fährt Mads Thomsen mit den beiden Kollegen Harry Möller und Piet Wellbrook zu einem Einsatz. Sie wollen eine Drückerkolonne kontrollieren. Zwei der Drücker hauen ab, als sie die Polizei sehen. Mads verfolgt einen der Drücker, holt ihn ein und glaubt nicht, was er sieht: Vor ihm steht seine 18-jährige Schwester Maja. Maja behauptet, Aslak Nielson, ihr Freund und Chef der Drückerkolonne, sei ein engagierter Tierschützer. Das Geld, das sie sammeln, sei für den Tierschutz bestimmt. Mads glaubt davon kein Wort, kann aber nicht verhindern, dass Maja mit den Drückern verschwindet.

Im Kommissariat erlebt Mads dann die nächste Überraschung. Sein Vater wartet im Zimmer von Frau Küppers auf ihn. Er fordert Mads auf, seine Schwester Maja zu suchen. Wie üblich ist Flemming Thomsen sehr charmant. Und nur Mads weiß, dass die

Stimmung seines Vaters von einem Moment auf den anderen kippen kann. Wegen der Tobsuchtsanfälle des Vaters hat Mads einst seine Familie verlassen und ist nach Hamburg gegangen. Jetzt reagiert Mads auf seinen Vater zum Erstaunen seiner Kollegen ablehnend bis aggressiv. Mads Thomsen ist völlig klar: Er muss Maja aus den Fängen der Drückerkolonne befreien. Und er muss einen Weg finden, Maja und seine Mutter vor dem Choleriker Flemming Thomsen zu schützen.
Sein letzter Auftritt im „Großstadtrevier".

Mads Hjulmand als Mads Thomsen und Maria Ketikidou als Harry Möller.

Mareike Carriere als Ellen Wegener

Mareike Carriére wurde 1954 in Hannover geboren. Im Alter von 16 Jahren begann sie ihre Ausbildung an der Lübecker Schauspielschule. Carriére wurde die erste Polizistin im Deutschen Fernsehen: Im Film „Mensch, der Bulle ist ´ne Frau" spielte sie die Beamtin Ellen Wegener. Es ist die erste Folge vom „Großstadtrevier". Der Film (nach einer Idee des Regisseurs Jürgen Roland) wurde ein Riesenerfolg. Auf Grund dessen beschloss die ARD, eine Serie daraus zu machen. Als Ellen Wegener spielte Mareike Carriére an der Seite von Arthur Brauss und später Jan Fedder. Parallel zum „Großstadtrevier" stand sie in Berlin für „Praxis Bülowbogen" vor der Kamera. Dort trat sie als Ärztin Katrin Brockmann auf und hatte mit ihrem Filmvater Doktor Peter Brockmann (gespielt von Günter Pfitzmann) eine Gemeinschaftspraxis. Mareike Carriére spielte zudem die Hauptrolle in der Serie „Die Schule am See", die vorwiegend in Plön und Umgebung in den 1990er Jahren gedreht wurde. Sie starb am 17. März 2014 und lebte jahrelang im Hamburger Stadtteil Eppendorf.

Zur Rolle: Zu einer Zeit, als Frauen bei der Polizei nur ein Art „Modellversuch" waren, kommt Ellen Wegener ins 14. Revier. Revierleiter Rolf Bogner und Kollegen sind erfreut über den Zuwachs – mit einer Ausnahme: Richard Block. Er sitzt zusammen mit Dietmar Steiner in einem Restaurant und lästert quasi schon im Voraus über die neue Kollegin, obwohl er sie gar nicht kennt. Es kommt wie es kommen soll: Frisch von der Polizeischule kommend, wird Ellen Wegener zu Richard Block auf den Streifenwagen Peter 14/2 gesetzt. Block ist sichtlich gar nicht darüber erfreut. Es dauert seine Zeit, bis sich beide aneinander gewöhnen. Erst nach einer gewissen Zeit zeigt sich, dass auch eine hübsche Frau – mit auffallend langen Haaren – sehr wohl durchsetzungsstark sein kann. Ellen Wegener lernt, sich neben Richard Block zu behaupten.

In der Folge „Ellens Abschied" (Teil 2) kömpfen die Ärzte kämpfen auf der Intensivstation um das Leben von Ellen Wegener. Schließlich erhält Dirk Matthies jedoch die traurige Nachricht: Ellen Wegener ist tot. Dirk muss die Nachricht den Kollegen überbringen. Niemand kann den plötzlichen Tod der Kollegin fassen oder erklären. Offiziell lautet die Todesursache Herzversagen. Für Dirk Matthies steht jedoch fest, dass es eine andere Todesursache gibt. Er glaubt fest an ein Verbrechen. Immerhin hatte Ellen sich zuletzt um einen Fall gekümmert, bei dem es um eine verschwundene, möglicherweise ermordete Frau ging. Dirk beschließt, Ermittlungen aufzunehmen.

Marc Zwinz als Polizist Hannes Krabbe

Marc Zwinz wurde 1974 in der Hansestadt Lübeck geboren. Er studierte zunächst ein paar Semester Politologie an der Freien Universität Berlin, bevor er sein Schauspielstudium an der Hochschule „Ernst Busch" in Berlin-Treptow aufnahm. Marc Zwinz wurde nach seinem Abschluss festes Ensemblemitglied am Nationaltheater Mannheim. Es folgten unter anderem Engagements in Berlin, Zürich und Basel. Seit 2006 arbeitet Marc Zwinz hauptsächlich vor der Fernsehkamera: „Der Dicke", „SoKo Leipzig", „Notruf Hafenkante" und „SoKo Wismar" sind nur einige Beispiele. In Folge 289 war Marc Zwinz erstmals als Polizist Hannes Krabbe im „Großstadtrevier" zu sehen. Marc Zwinz wohnt in Berlin-Kreuzberg.

Zur Rolle: Hannes Krabbe ist ein Pfundskerl – das ist zunächst ganz wörtlich zu verstehen. Denn Hannes Krabbe ist fast zwei Meter groß und bringt so manche Kilos auf die Waage. Er ist begeisterter Hobby-Konditor und zaubert ständig leckere Kuchen hervor, die sich bestens als „Bestechungsgeschenke" bei seinen Kollegen einsetzen lassen. Krabbe ist ein Freund der Wohlfühlatmosphäre: hilfsbereit, aufgeschlossen, lustig und immer für einen Plausch (nicht nur mit Kollegin Nicole Beck) zu haben. Doch gerade weil er vor keiner Intimität zurückschreckt und sich in alles Mögliche einmischt, befindet er sich ständig auf dem Weg in den nächsten Konflikt. Eine Unmenge an Arbeitszeit in Tratschen und persönlichen Angelegenheiten der Kollegen und „Kunden" geht vorbei. Somit fehlt ihm häufig die Zeit für die tägliche Routinearbeit im 14. Kommissariat.

Marc Zwinz als Polizist Hannes Krabbe.

Arthur Brauss als Richard Block

Arthur Brauss wurde 1936 in Augsburg geboren. Er war jahrelang Theaterschauspieler. Bundesweit bekannt wurde er als Polizeibeamter Richard Block. Brauss spielte darüber hinaus unter anderem in mehreren Folgen der Fernsehserien „Der Alte" und „Tatort" mit. Im Jahr 2010 hatte er eine Gastrolle in der Telenovela „Rote Rosen". Arthur Brauss lebt in München.

Zur Rolle: Richard Block hält nicht viel von Frauen bei der Polizei. Auch nicht von Ellen Wegener, seiner Partnerin auf dem Peter 14/2. Als sie sich netterweise mit den Worten „Ich heiße übrigens Wegener" im Gebäude des 14. Reviers bei ihm vorstellt, antwortet er kühl mit „Block". Als sie dann noch ergänzt: „Ellen Wegener", bleibt es bei einem kühlen „Block". Ellen Wegener lässt sich allerdings nicht so leicht unterkriegen.

Richard Block gewöhnt sich peu á peu an seine Partnerin Frau Wegener (obwohl sich Streifenwagenbeatzungen eigentlich Dutzen, wenn sie tagein und tagaus

Arthur Brauss im Jahr 2014 in Hamburg. In den ersten fünf Staffeln ging er als Polizist Richard Block im Einsatzbereich des 14. Reviers (rechts) auf Streife.

nebeneinander auf dem „Bock" sitzen) – beide werden richtig gute Kollegen. Jeder kann sich auf den anderen verlassen. Richard Block bleibt ein „Eisblock", wie sie ihn öfter nennt. In der Folge 36 entscheidet er sich, den Peterwagen 14/2 gegen den Schreibtisch eines Wachhabenden in Schwerin einzutauschen. Er verlässt das „Großstadtrevier" und geht nach Mecklenburg-Vorpommern. Dirk Matthies steht in den Startlöchern...

Andrea Lüdke als Polizistin Tanja König

1963 wurde Andrea Lüdke in Sachsen-Anhalt (Nähe Magdeburg) geboren. Dem breiten Fernsehpublikum wurde sie in ihrer Rolle als Streifenpolizistin im Großstadtrevier als Tanja König bekannt. Ihre Karriere begann beim „Theater der Altmark" in Stendal. Von 1983 bis 1987 absolvierte sie die Hochschule für Schauspielkunst „Ernst Busch" in Berlin. Danach wurde sie vom Maxim-Gorki-Theater engagiert und arbeitete für verschiedene Film- und Fernsehproduktionen in ganz Deutschland. Unter anderem in Serien wie „Ein Fall für Zwei", „SoKo Köln" und „Polizeiruf 110" wirkte Andrea Lüdke mit. Nachdem sie 1989 die DDR verlassen hatte, zog sie in die Hansestadt Hamburg, in der sich noch heute ihr Lebensmittelpunkt befindet.

Zur Rolle: Tanja König hat stets eine Menge jugendlichen Enthusiasmus, eine unverwechselbare Lockerheit und eine gewisse Art von Humor. Sie kommt als Nachfolgerin von Meike Bethmann aufs 14. Revier. Zusammen mit ihrem Partner Dirk Matthies bricht sie schon mal die eine oder andere Regel und lässt fünfe auch schon mal grade sein. In der Folge 120 („Feiglinge") gerät Tanja König in eine alptraumhafte Situation. Sie verfolgt zwei Räuber, die in eine U-Bahn flüchten. Sie läuft hinterher, steigt in dieselbe Bahn und wird von den beiden (mittlerweile maskierten) Typen gedemütigt. Ein traumatisches Erlebnis, mit dem Tanja König noch Wochen zu Kämpfen hat. Erst mit Hilfe von Dirk Matthies und anderen Kollegen bekommt sie ihr Selbstwertgefühl wieder und nimmt die beiden Räuber nach langer Recherchearbeit fest.

Brigitte Janner als Kneipenwirtin Elli

Brigitte Janner wurde in Meseritz geboren, verbrachte ihre Kindheit und Jugend größtenteils in den Großstädten Berlin und Hamburg. Seit 1976 arbeitet Janner als freischaffende Schauspielerin. Sie stand seitdem im Münchner Residenztheater, im Hamburger Schauspielhaus, Im Kölner Schauspielhaus, im Schauspielhaus Hannover sowie in Bochum auf der Bühne. Bekannt wurde Brigitte Janner aus TV-Serien wie „Rote Rosen" und „Ferien auf Sylt". Große Bekanntheit brachte ihr die Rolle der Wirtin Elli im „Großstadtrevier". Privat wohnt die Schauspielerin in Hamburg.
Zur Rolle: Elli ist die gute Seele. Sie gibt Dirk Matthies gerne mal Tipps bezüglich seiner Frauen-Probleme und wäscht auch den anderen Polizisten vom 14. Revier nach Feierabend gerne mal den Kopf. Denn das Team kommt auch nach Feierabend gerne mal vorbei und lässt den arbeitsreichen Tag gemütlich ausklingen. Elli hat immer ein offenes Ohr. Sie ist immer da. wenn man sie braucht. Irgendwann zieht es sie aufs Land. Im „Weißen Hirsch" (irgendwo auf dem platten Land) findet sie eine neue Heimat und führt dort ihre Kneipe weiter. Das Team vom 14. Revier in Hamburg besucht sie in Schleswig-Holstein ab und zu (verschiedene Folgen mit dem Titel „Landpartie").

Matthias Walter als Philip Caspersen

Der Jungschauspieler Matthias Walter studierte an der Hochschule für Schauspielkunst „Ernst Busch" in Berlin. Stationen seiner bisherigen Karriere waren Theaterengagements unter anderem beim Berliner Ensemble und dem Staatsschauspiel Dresden. Es folgten Auftritte bei verschiedenen Film- und Fernsehproduktionen. So wirkte er beispielsweise in „Eine außergewöhnliche Affäre", „Stubbe – von Fall zu Fall" und „Alles außer Sex" mit. Im „Großstadtrevier" (Staffeln 18 bis 19) spielte er den Beamten Philip Caspersen. Zusammen mit Lothar Krüger (Peter Heinrich Brix) schob er vorwiegend Innendienst im 14. Revier. Er wurde 1975 in Berlin geboren und lebt auch heute noch in der Bundeshauptstadt.
Zur Rolle: Philip Caspersen ist ein ruhiger, naiver Mensch. Er macht stets Dienst nach Vorschrift, nimmt Anrufe entgegen und kümmert sich am Tresen um „Kunden", die ins 14. Revier kommen. Sein bester Kollege ist Lothar Krüger. Beide sind im Innendienst tätig und verbringen auch nach der Dienstzeit so manche schöne Stunden miteinander.

Ann-Cathrin Sudhoff als Svenja Menzel

Von 1988 bis 1989 absolvierte Ann-Cathrin Sudhoff eine Schauspielausbildung an der Governors Magnet School for Arts in Norfolk in den USA. Zudem besuchte sie von 1991 bis 1995 die Hochschule für Musik und Darstellende Kunst in Graz. 1995 schloss sie ihr Studium mit einem Schauspieldiplom ab. Bekanntheit erlangte Ann-Cathrin Sudhoff durch die Rolle der Annette in der Sat.1-Fernsehserie „Die Rote Meile", in der sie etwa drei Jahre gemeinsam mit Schauspieler Leon Boden spielte. 2001 spielte

Ann-Cathrin Sudhoff den „Unschuldsengel" im gleichnamigen Krimi aus der Reihe „Stubbe - von Fall zu Fall" (mit Wolfgang Stumph in der Hauptrolle), sowie eine Episodenhauptrolle in „Die Kumpel". Ein Jahr später stand sie als Hauptdarstellerin für den Kinofilm „Lana" vor der Kamera. Im Jahr 2004 übernahm Ann-Cathrin Sudhoff an der Seite von Jan Fedder die Rolle der Streifenpolizistin Svenja Menzel im Großstadtrevier. Der TV-Zuschauer kennt sie zudem aus Serien wie „Unser Charly", „In aller Freundschaft", „Hallo Robbie!", „Da kommt Kalle", „Notruf Hafenkante" oder beispielsweise „Küstenwache". Ann-Cathrin Sudhoff lebt in Hamburg.

Ann-Cathrin Sudhoff und Jan Fedder.

Zur Rolle: Svenja Menzel kommt als Nachfolgerin für Anna Bergmann ins 14. Revier und sorgt für frischen Wind. An der Seite von Dirk Matthies fährt sie mit dem Streifenwagen Peter 14/2 durchs Revier. Sie bemerkt brenzlige Situationen meist früher als Kollege Matthies, packt verschiedene Situationen energischer an als er und sie kennt sich in der Welt moderner Technik einfach viel besser aus. Sie handelt besonnen, überlegt und vor allem ruhig. Svenja Menzel überzeugt durch ihre ruhige, aber bestimmte Art. Sie handelt oftmals mittels ihres Instinkts – der Gegensatz zu Dirk Matthies, der lieber aus dem Bauch heraus handelt. Darum sind kleinere Auseinandersetzungen mit ihrem Partner Matthies vorprogrammiert.

In der Folge 208 („Fremdgänger") hat Svenja Menzel ihren letzten Arbeitstag im 14. Revier. An ihre Stelle kommt Anja Nejarri als Polizistin Katja Metz.

Peter Lohmeyer als Hans Joachim Harnisch

Peter Lohmeyer spielte bislang in mehr als 40 Kinofilmen und über 30 Fernsehrollen mit. Er stand in Hamburg, Berlin, Düsseldorf und Bochum an bedeutenden Schauspielhäusern auf der Bühne und heimste viele Preise und Auszeichnungen ein: Deutscher Filmpreis, Publikumspreis „Schauspieler des Jahres" für „Das Wunder von Bern", Bester Hauptdarsteller für „Der Elefant in meinem Bett", Bayerischer Fernsehpreis, Bester

Nebendarsteller für „Zugvögel und viele mehr. Peter Lohmeyer absolvierte seine Ausbildung an der Westfälischen Schauspielschule in Bochum. Er verließ die Schule ohne Abschluss, um Bühnenerfahrung zu sammeln. Sein Fernsehdebüt erfolgte 1985, drei Jahre später seine erste Kinorolle. Bekannt wurde Peter Lohmeyer den Fernsehzuschauern durch die Rolle des Alex Vitalij in der Serie „Die Straßen von Berlin". In Sönke Wortmanns „Das Wunder von Bern" übernahm Peter Lohmeyer die Rolle eines Vaters, der nach langen Jahren der Kriegsgefangenschaft durch die Begeisterung für den Fußball nicht nur zu seinem Sohn wieder Kontakt aufbaut, sondern auch ins Leben zurück findet.

Zur Rolle: Kriminalhauptkommissar Harnisch übernimmt zeitweise die Rolle des Revierleiters. „Hanno" Harnisch ist mit einem unheimlichen Drang nach Gerechtigkeit ausgestattet. Genau diesen Drang lässt er bei der Stammbesetzung des 14. Reviers immer wieder durchkommen – mit aller Härte. Harnisch droht Lothar Krüger Prügel an und weigert sich, seine Uniform zu tragen. Statt auf dem 14. Revier Wurzeln zu schlagen, kennt Harnisch nur ein Ziel: Er will wieder raus! Auch die Stammpolizisten auf dem 14. Revier wünschen sich nichts mehr, als dass Harnisch den Stuhl räumt und Dirk Matthies wieder das Ruder übernimmt. Die Abneigung des Teams verwandelt sich jedoch in Solidarität, als sie entdecken, dass Harnisch ein alter Freund von Dirk ist und ihm tatsächlich übel mitgespielt worden ist. Nach drei Folgen mit Kriminalhauptkommissar „Hanno" Harnisch freuen sich die Beamten, ihren alten, meist chaotischen und sehr bestimmenden Chef Dirk Matthies wieder zu haben.

Aber Harnisch taucht auch in der Staffel 26 gleich in sechs Episoden als ruppiger LKA-Beamter auf und sorgt für frischen Wind im „Großstadtrevier".

Peter Lohmeyer als „Hanno" Harnisch.

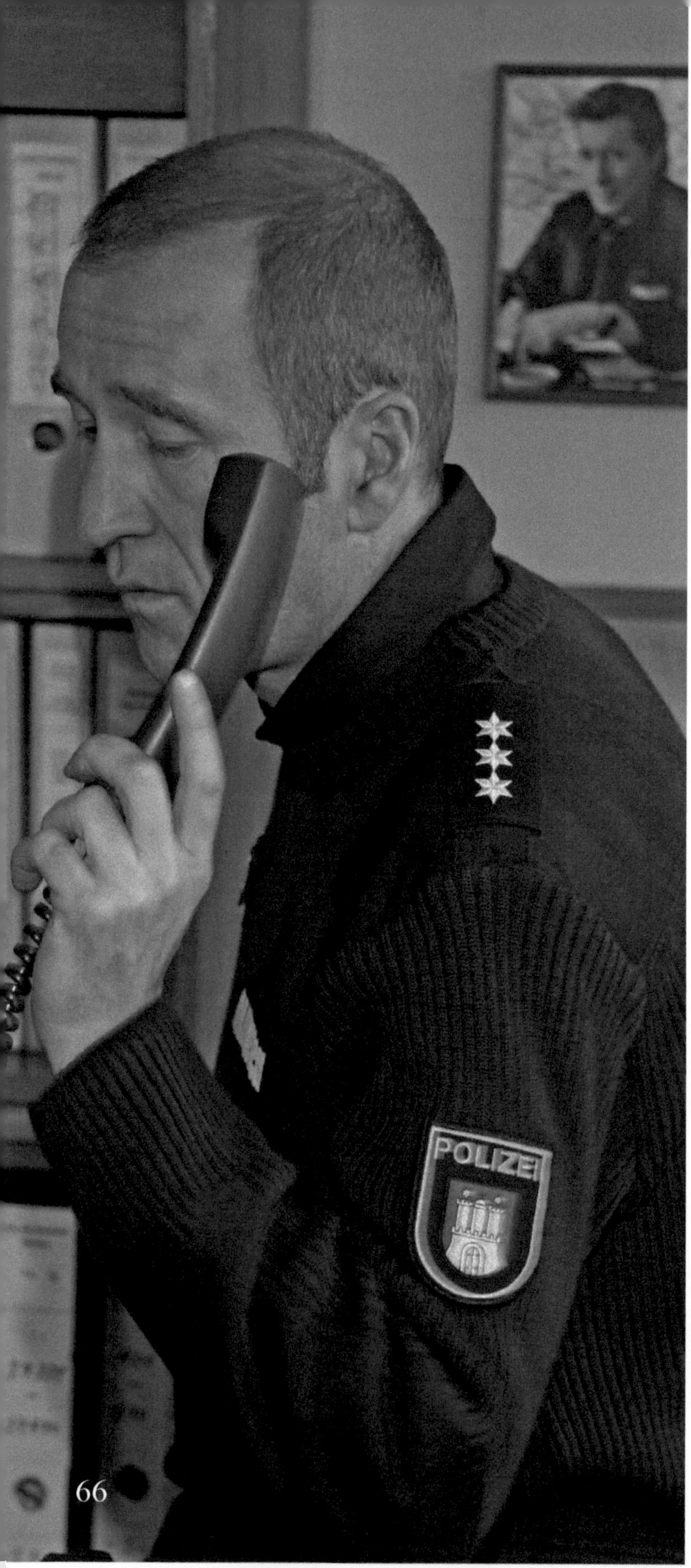
POLIZEI

POLIZEI
HARNISCH

HARNISCH

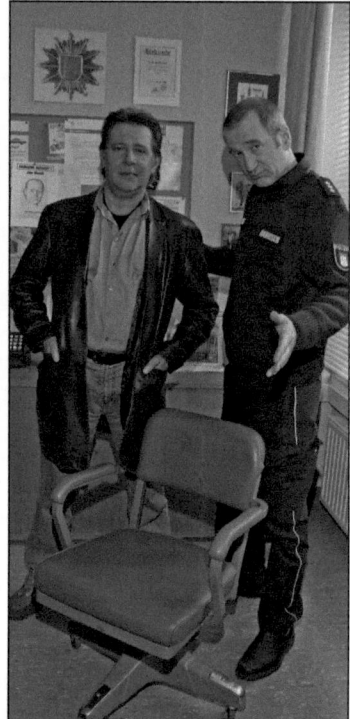

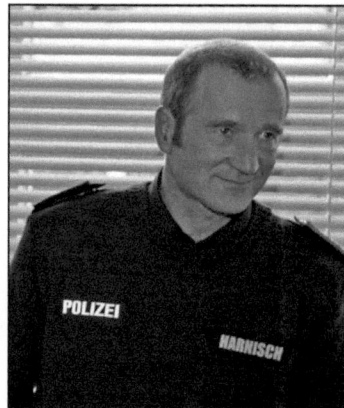

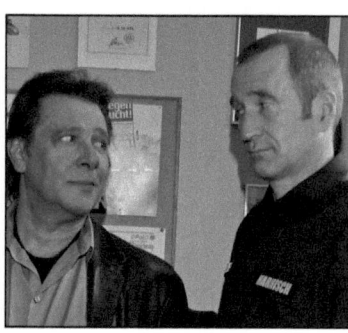

Kay Sabban als Neithardt Köhler

Kay Sabban arbeitete als Schauspieler zunächst im Theater, dann beim Film und schließlich beim Fernsehen. Er spielte in unzähligen Serien wie „Tatort" (mit Manfred Krug und Charles Brauer), „Insel der Träume" und beispielsweise „St. Pauli Landungsbrücken" mit. Zudem arbeitete Kay Sabban für den Hörfunk und als Synchronsprecher. Einem breiten Publikum wurde er vor allem durch die Rolle des Motorradpolizisten Neithardt Köhler bekannt.
Den Polizisten verkörperte Kay Sabban von 1986 bis 1992 im Großstadtrevier. Kay Sabban starb unerwartet während der Dreharbeiten der Folge 55 („Zapfenstreich") an einer Lungenkrankheit in seiner Heimatstadt Hamburg.
Seine Schauspielkollegen widmeten ihm diese Folge, in dem sie in deren Vorspann mit einem kurzen Widmungstext an ihn erinnern. Die Rolle des Motorradpolizisten wurde seit des Todes von Kay Sabban nicht wieder besetzt. Er lebte in Hamburg und wurde auf dem Friedhof Ohlsdorf im Jahr 1992 beigesetzt.
Zur Rolle: Ein netter, sympathischer Kollege im 14. Revier. Er war der einzige Motorradpolizist (Funkspruch Peter 14/15) im „Großstadtrevier". Jung, charmant und immer in der Nähe einer Frau, mit der er flirten konnte. Ihm kam auch schon mal der eine oder andere Witz über die Lippen und er versuchte laufend, bei seiner Kollegin Ellen Wegener zu punkten. Er baggerte ständig („Guten Tag, schöne Kollegin...") und galt bei seinen Kollegen als Frauenheld und Sonnyboy. Er hatte eine sehr humorvolle Art, mit der er bei seinen Kollegen nicht immer auf Gegenliebe stieß. Obwohl kein Arbeitstier, schaffte es Neithardt Köhler doch noch zum Obermeister. Seitdem fuhr er schließlich mit je drei Sternen an den Schultern geschmückt mit seinem Motorrad Streife.

Harry Schmidt als Kneipenwirt Big Harry

Harry Schmidt ist gelernter KFZ-Mechaniker und auch als solcher tätig. Mit seiner Ehefrau und sechs Kindern lebt er in der Nähe des schleswig-holsteinischen Kappeln. Harry Schmidt war Teilnehmer der zweiten Staffel von „Big Brother", bei der er den zweiten Platz erreichte. Kurz nach Verlassen des „Big Brother"-Containers in der Nähe von Köln veröffentlichte er im April 2001 ein Album namens „Harrys Welt", sowie die Single „Mir kann keiner was". Mit seiner „Schlosserband" absolvierte Harry Schmidt unzählige Auftritte in ganz Deutschland. Seit 2002 hat er die immer wiederkehrende Rolle als Kiez-Kneipenwirt Big Harry (er tritt in der Öffentlichkeit ausschließlich unter dem Künstlernamen Big Harry auf) in der Serie „Großstadtrevier". Als Big Harry spielt er den sympathischen Kneipenwirt auf dem Hamburger Kiez. Gelegentlich gibt er mit seiner Gitarre Musikalisches zum Besten und taucht mitunter mit seiner Motorrad-Gang auf.

Zur Rolle: „Big Harry" ist Anlaufstelle für die Beamten des 14. Reviers (14. Kommissariats). Abends lässt das Team in der Kneipe gerne mal den Feierabend einläuten. Big Harry ist eine ehrliche Haut, auch wenn er schon mal mit Falschgeld in Berührung gekommen ist. Stets ist er hilfsbereit (verleiht seinen Lieferwagen beispielsweise), freundlich und immer gut drauf. Lediglich in einer Folge verliert er beinahe die Fassung: in der Episode „Al dente" (Folge 265) wird er von seiner Tresenkraft um sein Geld betrogen.

Bereits seit 2002 hat Harry Schmidt seine feste Rolle in der Kult-Fernsehserie „Großstadtrevier" – als Kneipenwirt.
In einem Zeitungsinterview verriet Harry Schmidt: „Am Anfang war es nur ein Gastauftritt, weil Jan Fedder mich gefragt hat. Die feste Rolle als Kneipenwirt hat sich dann während des Drehs einfach so ergeben." Er mache einfach das was ihm Spaß macht.

Peter Neusser als Revierleiter Rolf Bogner

Der Berliner Peter Neusser absolvierte sein Schauspielstudium in Wien. 1956 gab er sein Filmdebüt in dem Spielfilm „Kaiserjäger". Es folgten vorwiegend kleinere Rollen in verschiedenen Fernsehfilmen. Von 1986 bis 2003 spielte er die Rolle des Revierleiters Rolf Bogner in der Polizeiserie  Großstadtrevier. Am 10. Januar 2010 starb der beliebte Darsteller in seiner Heimatstadt Berlin.

Zur Rolle: Rolf Bogner (auf dem Foto rechts) ist „der Chef". Er hat das Sagen im 14. Revier – das wird auch von seinen Kollegen respektiert. Zumindest nach außen hin. Denn hinter seinem Rücken werden schon mal Gesetze missbraucht und dienstliche Anweisungen ignoriert. Auch wenn es immer wieder insbesondere zwischen Dirk Matthies und ihm knallt, wird das getan, was „der Chef" sagt. Dienst nach Vorschrift und stets nach dran am Bürger – so das Motto des Revierchefs. Sein bester Kumpel ist Dietmar Steiner. Auch nach Dienstschluss treffen sich beide des öfteren und genießen das eine oder andere Bierchen. Wenn es in der Ehe von Rolf Bogner kracht, steht Dietmar tröstend zur Seite. Bei einem netten Plausch helfen sich beide gegenseitig aus der Patsche. Rolf versucht seine Mannschaft  immer zusammenzuhalten, ist ein guter Teamplayer. Er kann aber auch schon mal mal einen rauhen Wind wehen lassen.

Wanda Perdelwitz als Obermeisterin Sieveking

Wanda Perdelwitz wurde 1984 in Berlin geboren und sammelte während der Schulzeit erste Erfahrungen in Film- und Fernsehproduktionen, unter anderem in der Krimireihe „Tatort", „Soloalbum" und „Der Alte". In der internationalen Kinoproduktion „CQ"

unter der Regie von Roman Coppola gab sie mit 16 Jahren in einer kleinen Rolle ihr Kinodebüt. Zwei Jahre später übernahm sie in dem Kinofilm „Muxmäuschenstill" ihre erste Hauptrolle. Wanda Perdelwitz lebt in Berlin, wohnt aber auch zu Drehzeiten in Hamburg.

Zur Rolle: Nina Sieveking ist Polizistin aus Überzeugung. Sie kann es nicht leiden „wenn Leute Mist bauen, und damit durchkommen – also richtigen Mist". Mit ihrem Temperament und ihren teilweise unkonventionellen Methoden weiß sie ebensolche Leute erfolgreich zu stoppen. Nina hat Spaß an ihrem Beruf und das merkt man ihr an. Aber natürlich ist der Job nicht alles, Nina erwartet mehr vom Leben. Bei einem Einsatz lernt sie die reiche Erbin Charlene ‚Charly' König kennen, die ein Leben fernab von Ninas Realität im Dauerdispo führt. Und trotzdem verbindet die jungen Frauen etwas – und wenn es nur die Lust am Leben ist. So kann ein gemeinsamer Abend in einem schicken Club beginnen – und bei einem illegalen Autorennen am Hafenrand enden.

In einem Interview beschreibt Schauspielerin Wanda Perdelwitz die Rolle der Polizistin Nina Sieveking wie folgt: „Nina wird im PK 14 geschätzt für ihre direkte, zupackende, kollegiale Art und sie bringt frischen Wind in den Polizeialltag. Sie wollte schon immer eine gute Polizistin sein, weil sie es nicht leiden kann, wenn „jemand Scheiße baut und damit durchkommt". In der täglichen Arbeit auf der Straße ignoriert Nina gern die klassische Rollenverteilung. Sobald es aber um Ungerechtigkeit geht, kann sie sehr sie sehr impulsiv und unberechenbar werden. Ninas Mut und ihre Kompromisslosigkeit mag ich sehr. Etwas albern finde ich Nina, wenn sie wieder versucht, ihre sensible Seite zu verstecken, aber heimlich auf der Couch romantische Liebesfilme schaut."

Tommaso Cacciapuoti als Fabian Brandt

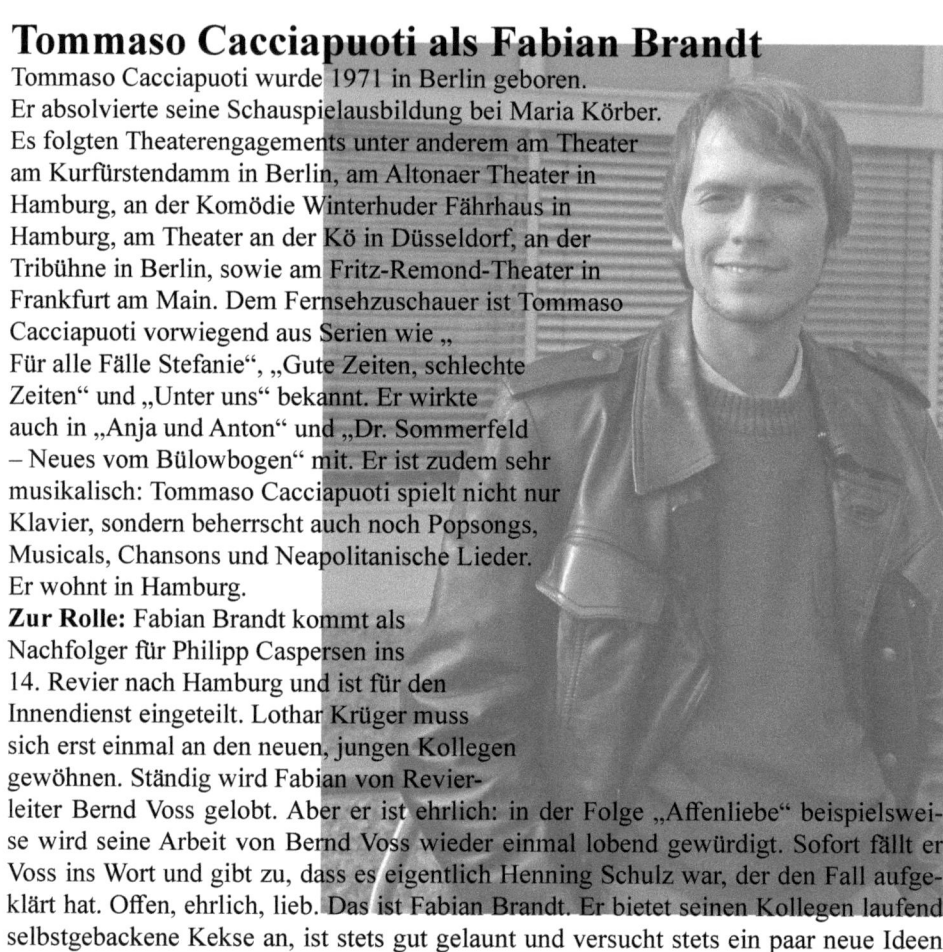

Tommaso Cacciapuoti wurde 1971 in Berlin geboren. Er absolvierte seine Schauspielausbildung bei Maria Körber. Es folgten Theaterengagements unter anderem am Theater am Kurfürstendamm in Berlin, am Altonaer Theater in Hamburg, an der Komödie Winterhuder Fährhaus in Hamburg, am Theater an der Kö in Düsseldorf, an der Tribühne in Berlin, sowie am Fritz-Remond-Theater in Frankfurt am Main. Dem Fernsehzuschauer ist Tommaso Cacciapuoti vorwiegend aus Serien wie „Für alle Fälle Stefanie", „Gute Zeiten, schlechte Zeiten" und „Unter uns" bekannt. Er wirkte auch in „Anja und Anton" und „Dr. Sommerfeld – Neues vom Bülowbogen" mit. Er ist zudem sehr musikalisch: Tommaso Cacciapuoti spielt nicht nur Klavier, sondern beherrscht auch noch Popsongs, Musicals, Chansons und Neapolitanische Lieder. Er wohnt in Hamburg.

Zur Rolle: Fabian Brandt kommt als Nachfolger für Philipp Caspersen ins 14. Revier nach Hamburg und ist für den Innendienst eingeteilt. Lothar Krüger muss sich erst einmal an den neuen, jungen Kollegen gewöhnen. Ständig wird Fabian von Revierleiter Bernd Voss gelobt. Aber er ist ehrlich: in der Folge „Affenliebe" beispielsweise wird seine Arbeit von Bernd Voss wieder einmal lobend gewürdigt. Sofort fällt er Voss ins Wort und gibt zu, dass es eigentlich Henning Schulz war, der den Fall aufgeklärt hat. Offen, ehrlich, lieb. Das ist Fabian Brandt. Er bietet seinen Kollegen laufend selbstgebackene Kekse an, ist stets gut gelaunt und versucht stets ein paar neue Ideen einzubringen.

Steffen Groth als Zivilfahnder Hauke Jessen

Steffen Groth wurde 1974 in Berlin geboren. Er absolvierte seine Schauspielausbildung an der Hochschule für Schauspielkunst „Ernst Busch" in Berlin. Steffen Groth war nach Abschluss seiner Ausbildung in einer Vielzahl von Fernsehfilmen und -serien, sowie in fast unzähligen Kinofilmen zu sehen. Außerdem hatte er viele Engagements an unterschiedlichen Theatern in ganz Deutschland. 1997 gab er sein Debüt mit einer Episodenrolle in der TV-Serie „Freunde wie wir". Seitdem arbeitete Steffen Groth in mehr als 50 Produktionen, darunter „Tatort" und „Polizeiruf 110" oder in „Doctor's Diary". Nach vier Folgen (285-288) als Episodendarsteller gehört Steffen Groth seit Folge 295 fest zur Stammbesetzung des Großstadtreviers. Er ermittelt mit Harry Möller als Zivilfahnder in Hamburg. Steffen Groth lebt in Berlin.

Zur Rolle: Hauke Jessen ist ein Streifenpolizist aus Husum und stößt ins Hamburger Polizeikommissariat 14. Er „ersetzt" in den Folgen 285 bis 288 den Zivilfahnder Hen-

ning Schulz, der als Polizistenausbilder für sechs Monate nach Afghanistan geht. Hauke Jessen wird als ziviler Ermittler eingesetzt und bildet mit Harry Möller ein Team. Nach anfänglicher Skepsis erkennt Harry Möller, dass Hauke Jessen nicht nur Sprüche klopfen und Reime herausbringen, sondern auch tatkräftig in Erscheinung treten kann. Mit seinen unorthodoxen Ideen bringt er die Ermittlungen oft entscheidend voran. Henning Schulz kommt für eine gewisse Zeit zurück nach Hamburg und ermittelt vorerst zusammen mit seiner langjährigen Partnerin Harry Möller. Unterdessen geht Hauke Jessen in der Motorradstaffel nach Hamburg-Alsterdorf. Als sich Henning Schulz entgültig entscheidet, eine junge Afghanin in ihre Heimat zu begleiten und dort wieder Polizisten auszubilden, stößt Hauke Jessen vollends zum Team des 14. Kommissariats. Er liebt es, Motorrad zu fahren.

In der Folge 310 (Sturköppe") hat Hauke Jessen großen Stress. Aus Protest kippt sein Vater Owe einen Anhänger voller Mist vom Husumer Bauernhof vor die Einfahrt einer Molkerei in der Hamburger Innenstadt. Owe fordert vom Chef der Molkerei, Andreas Schierach, die Aufhebung des Liefervertrages, der seinen Hof ruiniert. Dirk Matthies und Anna Bergmann nehmen Owe mit auf die Wache, wo er nach langer Zeit seinem Sohn Hauke begegnet. Die beiden Sturköppe haben nach dem Tod von Haukes Mutter kaum noch miteinander gesprochen.

Als Hauke Schierach davon überzeugen kann, auf eine Anzeige gegen seinen Vater zu verzichten, scheint der Fall erledigt. Aber dann findet Schierach einen Erpresserbrief an seinem Auto. 20.000 Euro solle er zahlen, sonst würden die Machenschaften in der Molkerei aufgedeckt. Ist etwa Owe der gesuchte Erpresser?

Um seine Unschuld zu beweisen, machen sich Hauke Jessen, Harry Möller, Dirk

Matthies und Anna Bergmann auf Erpresserjagd und entdecken darüber hinaus, dass Schierach mehr Dreck am Stecken hat, als er zugibt. Die Ereignisse führen nicht nur Vater und Sohn wieder zusammen, sondern bringen Hauke auch dazu, eine wichtige Entscheidung zu treffen. Es ist sein letzter Einsatz im „Großstadtrevier". Hauke Jessen taucht dann nur noch in der Spezialfolge „Frohe Weihnachten, Dirk Matthies" (sie ist wiederum in zwei Teile gesplittet und als Folgen 317 und 318 gelistet) als Zivilfahnder an der Seite von Harry Möller auf.

Wilfried Dziallas als Bernd Voss

Wilfried Dziallas wurde im Mai 1944 in Hamburg geboren. Er ist Schauspieler, Regisseur, Autor und mittlerweile ehemaliger Oberspielleiter. Neben zahlreichen niederdeutschen Bühnen- und Hörfunkarbeiten (darunter bei Radio Bremen und dem Hamburger Ohnsorg-Theater) ist er in Fernsehserien häufig in Nebenrollen als Polizeibeamter zu sehen. Wilfried Dziallas lebt in der Hansestadt Hamburg im Bezirk Wandsbek.
Zur Rolle: Sie mögen ihn und wissen, dass sie sich auf ihn verlassen können. Und das Team vom 14. Revier hat Respekt vor ihm: Bernd Voss, der Leiter des 14. Reviers in den Staffeln 18 bis 20. Wortkarg, manchmal sogar ein bisschen muffelig und stur trägt Bernd Voss die Verantwortung im Revier. Kein Wunder, dass er gerade mit Dirk Matthies heftig aneinander gerät, lässt der mal wieder Dienstvorschrift Dienstvorschrift sein. Aber letztendlich ist das WIE dem Revierleiter meist egal. „Wichtig ist, was am Ende rauskommt" ist der Leitsatz von Bernd Voss. Gleichzeitig wissen alle im Revier nicht nur, dass Bernd Voss das Herz auf dem rechten Fleck hat, sondern auch jederzeit für seine Mannschaft die Kastanien aus dem Feuer holen würde. Auf Landpartie macht er sich große Sorgen um Philipp und Lothar, die Probleme mit einem freilaufenden Bullen haben. Privat ist Bernd Voss ein netter, herzensguter Mensch. Beruflich mutiert er schon mal zum sturen Rindvieh. Polizist ist er geworden, um anderen Menschen zu helfen. Voss ist geschieden und gibt nicht allzu viel Privates preis. Seine Freizeit verbringt er mit Segeln und der Pflege seines Bootes.
In einem Interview sagte der Schauspieler, dass er oftmals im Hamburger Stadtteil Finkenwerder oder in Teufelsbrück an der Elbe spazieren geht und dort ungestört Texte lernen kann.

Christoph Eichhorn als Obermeister Robert Quest

Im Alter von 15 Jahren drehte Christoph Eichhorn seinen ersten Kinofilm und war von 1972 bis 1977 am Bochumer Schauspielhaus engagiert. 1982 wurde er durch die Verkörperung des Hans Castorp, in Hans W. Geißendörfers Verfilmung Der Zauberberg, nach Thomas Manns Roman, deutschlandweit bekannt. In der Folgezeit spielte er in einer Reihe von Spielfilmen, seit den 1990er-Jahren tritt er jedoch vor allem als Serien-Darsteller – viel in Nebenrollen – auf. In der Polizeiserie „Großstadtrevier" ist er in den Folgen 55 bis 78 zu sehen.

Zur Rolle: Polizeiobermeister Robert Quest absolviert seinen Dienst an der Wache 14 in Hamburg. Er wirkt (auch seinen Kollegen gegenüber) eher streng, sorgt aber mit seiner netten und teils witzigen Art auch für Auflockerungen. Er agiert als Streifenpolizist, macht aber auch üblichen Innendienst. Seinen ersten Auftritt hat der Polizeiobermeister in der Folge „Zapfenstreich" (Episode 55).

Peter Fieseler als Polizeikommissar Piet Wellbrook

Peter Fieseler ist einem breiten Publikum vor allem durch seine zahlreichen Fernsehrollen in „SK Kölsch", „Tatort" (Folge: „Mutterliebe"), der Comedy-Serie „Alles Atze" oder beispielsweise „GSG 9 – Ihr Einsatz ist ihr Leben", „Der Alte" und „Küstenwache" bekannt. Darüber hinaus spielte Fielseler aber auch in der Abenteuerserie „Der Kapitän" mit oder hatte eine Rolle in der Arztserie „Familie Dr. Kleist". Besonders erfolgreich war Fieseler in seiner Hauptrolle im Kurzfilm „Über Wasser gehen" unter der Regie von Ralf Beyerle. Zum Start der 29. Staffel unterstützt der Schauspieler Peter Fieseler das „Großstadtrevier" als Polizeikommissar Piet Wellbrook die Hamburger Ermittler.

Zur Rolle: Piet Wellbrook hat seinen ersten Arbeitstag in der Folge „Das Licht" und wird als erfahrener Polizist in die Serie eingeführt. Doch im Kommissariat 14 macht er sich nicht nur Freunde, denn der Neue neigt zur Provokation. Piet Wellbrook kommt als Vertretung des vom Dienst suspendierten Paul Dänning (Jens Münchow) in das Team. Dänning soll an einem Bankraub beteiligt gewesen sein und wird vor den Augen seine Kollegen verhaftet. Wellbrook bleibt auch nach Dännings Entlassung aus der U-Haft misstrauisch. Er weiß: sein Kollege hat ein Geheimnis. Als erfahrener Polizist liebt er klare Ansagen, wird schon mal ziemlich energisch und kommt damit bei den anderen Kollegen nicht immer glänzend an.

Peter Fieseler sagt zu seiner Rolle als Polizist Piet Wellbrook: „Piet schaut distanziert und ruhig auf die Dinge. Seine Sachlichkeit schützt ihn davor, die Schicksale, die ihm begegnen, zu sehr an sich ranzulassen. Nur holt ihn manchmal seine Vergangenheit ein und mischt sich in seine Arbeit. Was andere von ihm denken, interessiert ihn sehr wenig. Es sei denn, es handelt sich um einen echten Freund, aber davon braucht Piet nicht viele. Den Kollegen Kaffee mitzubringen, käme ihm nicht in den Sinn. Harmonie und Polizeidienst gehen für ihn nicht zusammen. Da hätte er Gärtner werden müssen – und das wollte er nicht. Ich mag meinen Piet. Aber, ob er mich mögen würde, bezweifle ich. Ich rede gerne, liebe Harmonie und bringe den Kollegen Kaffee mit".

In einem Zeitungsinterview verriet Fieseler, dass er als Kind mit seiner Großmutter schon immer das „Großstadtrevier" geguckt habe. Für ihn sei die Besetzung in der Serie eine große Ehre.

Jens Münchow als Streifenpolizist Paul Dänning

Jens Münchow ist der Sohn von Heinz und Auguste Münchow und wurde 1971 in Löningen geboren. Er absolvierte von 1992 bis 95 eine Tanz- und Schauspielerausbildung an der Nordisk Teaterskole in Aarhus (Dänemark). Es folgten zahlreiche Theaterengagements. Als Dorfrocker Rakete in dem Kinofilm „Am Tag als Bobby Ewing starb" (Regie: Lars Jessen) gelang ihm 2005 der Durchbruch als TV-Schauspieler. Seit 2012 ist er im „Großstadtrevier" als Polizeihauptmeister Paul Dänning zu sehen.

Zur Rolle: Paul Dänning ist noch dabei, den Phantomschmerz zu überwinden, den der Verlust von Dirk Matthies als Streifenpolizist an seiner Seite mit sich gebracht hat. Die private Nähe, die die unkonventionelle Hafen-WG mit sich bringt, hilft ihm dabei sicherlich. Dänning macht zunächst Streifendienst mit Nina Sieveking – gemeinsam fahren sie mit dem Peter 14/2 durch Hamburg. Nach kleineren Startschwierigkeiten haben sich Paul Dänning und Nina Sieveking zu einem starken Duo auf dem 14/2 gemausert. Gemeinsam sind sie ein wahres Powerteam, das füreinander einsteht. Paul ist ein erfahrener Polizist, aber betriebsblind ist er definitv nicht. Immer wieder stellt sich ihm die Frage nach Recht und Gerechtigkeit. In einem Fall deponiert Paul aus einem Gefühl der Machtlosigkeit heraus Drogen in der Wohnung eines Dealers, um den Kriminellen endlich dingfest zu machen. Die Gewissenskrise lässt nicht lange auf sich warten.

Als seine Chefin Frau Küppers zwei neue Kollegen vorstellt, weht frischer Wind: seitdem fahren Nina Sieveking und Kollege Daniel Schirmer mit dem Streifenwagen Peter 14/3. Paul Dänning arbeitet immer öfter mit Piet Wellbrook zusammen.

Dirk Matthies und Paul Dänning fahren in den Staffeln 26 und 27 gemeinsam auf Streife mit dem Peter 14/2.

Sven Fricke als Kommissar Daniel Schirmer

Sven Fricke wurde 1979 geboren und wohnt in Hamburg. Bereits während seines Studiums (auf Lehramt) spielte er an renommierten Theaterbühnen wie dem Thalia Theater, den Hamburger Kammerspielen, auf Kampnagel und dem Malersaal des Deutschen Schauspielhauses. Seit Mitte der 2000er Jahre arbeitet er auch vor der Kamera. Nach Gastrollen in verschiedenen Serien und Reihen („Vier sind einer zuviel", „Das Duo" oder auch „Tatort"), gehört er seit 2012 (ab Folge 327, 26. Staffel) als Polizeikommissar Daniel Schirmer zum Team des „Großstadtreviers".

Zur Rolle: „Schreibtischhengst" ist für Daniel Schirmer kein Schimpfwort. Denn auch

wenn er die gemeinsame Zeit auf Streife mit Partnerin Nina Sieveking manches Mal vermisst – so ist er im Innendienst zwischen Aktenstapeln und Computern in seinem eigentlichen Revier angekommen. Daniel Schirmer weiß, wo er im Internet die entscheidenden Informationen findet und entdeckt immer wieder in kleinen Details die großen Zusammenhänge. Und in Fällen, in denen es knifflig wird, läuft er erst richtig zur Hochform auf. Eigentlich läuft für Daniel Schirmer alles nach Plan: Er hat einen erfüllenden Job, eine Frau und ein gemeinsames Reihenhaus mit kleinem Garten…

Doch was als leises Misstrauen beginnt, wird bald zur Gewissheit: Seine Frau betrügt ihn. Er zieht ins Hotel. Er lässt sich von Dauersingle Mads coachen, versucht sich neu zu erfinden. Aber schließlich muss er einsehen, dass er sich im Kern nicht ändern kann.

Zu seiner Rolle als Daniel Schirmer sagt Schauspieler Sven Fricke: „Daniel Schirmer ist in seiner Arbeit äußerst gewissenhaft. Es könnte auch als kleinkariert bezeichnet werden. Aber so findet er manchmal das eine kleine Puzzlestück. Er ist ein Teamspieler, er kann sein Ego hintanstellen, wenn es der Sache dienlich ist. Dadurch lässt er sich nicht so leicht aus der Reserve locken. Allerdings grenzt das mitunter an Selbstverleugnung, beispielsweise im schwelenden Konflikt mit seiner Frau. Da wünscht man ihm schon auch mal einen Tacken mehr Entschlossenheit und Durchsetzungsvermögen."

Hannes Krabbe (Marc Zwinz), Frau Küppers (Saskia Fischer) und Daniel Schirmer (Sven Fricke).

Das „Großstadtrevier"-ABC

Action – auch in einer relativ „heilen" Polizeiserie wie dem „Großstadtrevier" gibt es dramatische und actionreiche Situationen. Spektakuläre Bank- und Raubüberfälle, Handtaschenräuber, Geiselnahmen und sogar neun Todesfälle kommen in den bisher 390 ausgestrahlten Folgen des „Großstadtreviers" vor.

Beginn – am 16. Dezember 1986 wurde die erste Folge mit dem Titel „Mensch, der Bulle ist `ne Frau" ausgestrahlt.

Crew – sie besteht aus vielen Mitgliedern: Schauspieler, Maskenbildner, Kameramann, Beleuchter, Fahrer für die Darsteller, Aufnahmeleiter, Tontechniker und Requisiteur. Nicht zu vergessen der oder die Regisseurin, sowie Produktionsleiter und viele Menschen, die Straßen absperren oder für sonstige Angelegenheiten abgestellt werden. In der Regel besteht die Crew aus etwa 20 Mitarbeitern, die direkt am Set zu finden sind. Hinzu kommen noch weitere Personen im administrativen Bereich. Einige Mitglieder des Filmstabs sind schon seit vielen Jahren, zum Teil sogar von Anfang an dabei. Es ist schon ein bisschen wie in einer Familie.

Drehbücher – wurden unter anderem von Jan Schröter, Felix Huby, Rainer Butt, Markus Stromiedel, Hans Dietmar Schreeb, Norbert Eberlein, Hans-Georg Thiemt, Chris Brohm. Friedhelm Werremeier, Renate Kampmann, Dirk Kämper, Lars Montag, Robert Hummel und Peter Dommaschk geschrieben.

Es kommt schon mal vor, dass sie noch während der Dreharbeiten umgeschrieben werden müssen, wenn zum Beispiel ein Schauspieler stirbt oder Schauspieler längerfristig erkranken.

Erfolg – Das „Großstadtrevier" ist eine der erfolgreichsten Polizeiserien im deutschen Fernsehen. Die norddeutsche Lebensart und der trockene, verschmitzte Humor zählen ebenso wie die einzigartige Großstadt Hamburg mit ihren lieblichherben Charme zu den gewünschten Zutaten der Serie. Professionelle Schauspieler und gute Bücher ergänzen den Erfolg.

Fans – sobald irgendwo eine Kamera aufgestellt wird, die Beleuchter ihr Licht ausrichten und so genannte „Blocker" den Gehweg absperren, dauert es nicht lange bis die ersten Fans kommen, um die Dreharbeiten live mit zu erleben und vor Ort beim „Großstadtrevier" dabei zu sein. Für Fans ist es ein Ereignis.

Filmklappe – vor jeder Einstellung wird sie von einem Assistenten „geschlagen". Auf der Filmklappe befinden sich Angaben wie Ort, Datum, Szene und die Anzahl an Wiederholungen einer Szene. Zudem ist der Name des Regisseurs und des Kameramanns zu lesen.

Faction – Als Faction werden Werke bezeichnet, die sich als Fiktionen ausweisen, dabei aber auf tatsächlichen Fakten beruhen, also reale Personen und Ereignisse behandeln. Im „Großstadtrevier" wird beispielsweise der Kaufhauserpresser „Dagobert" thematisiert.

Gastrollen – auch wenn es zum Teil kurze Auftritte waren: viele prominente Schauspieler besuchten das 14. Revier. Horst Frank, Heide Kabel, Freddy Quinn, Hape Kerkeling, Heinz Rudolf Kunze. Mehr dazu ab Seite 154.

Hamburg – Deutschlands zweitgrößte Stadt ist Handlungsort. Mit Ausnahme dreier Folgen, die auf dem platten Land in Schleswig-Holstein spielen und gedreht wurden, geht es im „Großstadtrevier" um Fälle, die sich in der 1,8 Millionen Metrople Hamburg zutragen.

Idee – Vater und Erfinder der Serie Großstadtrevier ist Jürgen Roland. Er führte zudem Regie und agierte auch als Darsteller vor der Kamera. Oft war er als Off-Sprecher in verschiedenen Folgen zu hören. Jürgen Roland starb am 21. September 2007 im Alter von 81 Jahren nach langer Krankheit.

Jubiläum – Im Jahre 2011 gab es gleich zwei Gründe zum Feiern: das „Großstadtrevier" feierte sein 25. Jubiläum und Dirk Matthies ist seit 20 Jahren auf der Wache. Herzlichen Glückwunsch! Im Jahr 2016 gibt es aber auch Grund zum Feiern: die Kultserie feiert ihr 30. Bestehen. Auch hierzu herzlichen Glückwunsch.

Komparse – immer wenn in Hamburg und Umgebung neue Folgen aufgenommen werden, sucht das Produktionsteam neue Komparsen. Es sind kleine, stille Rollen im Hintergrund, wie beispielsweise den Schauspielern beim Spaziergang entgegenzulaufen, oder im Kommissariat auf einer Wartebank zu sitzen.

Licht – bei Filmaufnahmen spielt das Licht eine erhebliche Rolle. Auch wenn die Sonne scheint, werden zusätzliche Scheinwerfer aufgebaut. Was für den Laien meist zu Unverständnis führt, sind Scheinwerfer elementar. Wo viel Licht durch Sonneneinstrahlung vorhanden ist, fällt auch Natur gemäß Schatten. Um genau diesen Schatten im Gesicht des Darstellers wegzubekommen, wird mit Gegenlicht gearbeitet.

Maskenbildner – sind bei Filmaufnahmen unabdingbar. Damit die Schauspieler im Fernsehen so rüber kommen, wie sie in Wirklichkeit sind, müssen sie geschminkt werden. Ansonsten würden sie auf dem Bildschirm glänzen und eine „falsche Hautfarbe" haben.

Musik – die Titelmelodie stammt von der Gruppe „Truck Stop"

Nachwuchsschauspieler – viele junge Schauspieler und Schauspielerinnen sind in der Serie zu sehen.

Nebendarsteller – Nebendarsteller agieren an der Seite der Hauptdarsteller und haben im Großstadtrevier zumeist eine Episodenhauptrolle. Sie stehen quasi in einer bestimmten Folge im Vordergrund.

Originale – die Folgen werden nicht

in Studios aufgenommen, sondern im Großraum Hamburg in Parks, auf Marktplätzen, am Hafen oder auf Straßen produziert. Auch die Geschäfte und Wohnungen sind „echt" – alle Räumlichkeiten sind Originale und werden fernsehgerecht ausgeleuchtet. Das Team dreht ausschließlich an Originalschauplätzen.

Produktion – Die Serie „Großstadtrevier" wurde bis zur Staffel 28 von Studio Hamburg FilmProduktion GmbH produziert. Seit Staffel 29 agiert die Produktionsfirma unter dem Namen der Tochterfirma Letterbox Filmproduktion GmbH.

Paare – viele Filmpaare sind beim „Großstadtrevier" zu sehen: Unter anderem Harry Möller und Henning Schulz, Dirk Matthies und Ellen Wegener, Philip Caspersen und seine Freundin Hanna. Gefunkt hat es auch zwischen Nicki Beck und Hauke Jessen – zusammen gekommen sind sie allerdings nicht.

Querdenker – sind vorwiegend Dietmar Steiner und Lothar Krüger. Beide sind oft anderer Meinung als der Revierleiter.

Quote – die Quote ist für eine Fernsehsendung oder -serie ganz elementar. Ausgesuchte Zuschauer geben Auskunft über ihr Fernsehverhalten. Wie lange haben sie welche Sendung oder Serie geschaut – daraus ermittelt sich im Wesentlichen die Quote.

Regie – Florian Baxmeyer, Miko Zeuschner, Kai Borsche, Jürgen Roland, Jan Růžička, Bruno Jantoss, Lars Jessen, Guido Pieters, Marcus Weiler, Hans-Erich Viet, Felix Herzogenrath (und andere).

Set – Das Filmset, kurz Set genannt, bezeichnet ein Filmmotiv, an dem gerade Dreharbeiten durchgeführt werden.

Schutzmann – Bezeichnung für einen Polizisten. In Hamburg auch Udel genannt. Im Volksmund war der Begriff Udel eine gängige Bezeichnung für die Nachtwache, aus der 1876 die Hamburger Polizei hervorging.

Streifenwagen – Dienstfahrzeug, mit dem die Beamten Streife fahren. In der Serie „Großstadtrevier" wird vorwiegend mit dem Streifenwagen Peter 14/2 gefahren. In Hamburg werden Streifenwagen Peterwagen genannt, deshalb auch der Funkrufname „Peter". 14 steht fürs 14. Revier/Kommissariat und 2 steht für Peterwagen 2.

Trauer – gab es, als Motorradpolizist Neithard Köhler (gespielt von Kay Sabban) plötzlich verstarb. Lesen Sie dazu auch den Nachruf auf Seite 95.

Unfall – wenn es auf Hamburgs Straßen zu Unfällen kommt, rückt auch schon mal die Polizei an. So auch die Beamten des 14. Reviers.

Sie sperren gegebenfalls die Straße ab, nehmen Zeugenaussagen zu Protokoll und kümmern sich um die Beweisaufnahme.

Ulk – lustige Sprüche und Ulk gehören einfach zur Serie „Großstadtrevier" wie die Elbe und Alster zu Hamburg. „Wie schreibt man eigentlich Daktyloskopie?", fragt ein junger Polizist in die Runde. Dietmar Steiner sitzt neben ihm und sagt: „Schreib' Fingerabdrücke. Ist einfacher..." (Folge „Der Besuch"). Dies ist nur ein Beispiel.

Verkauft – wurde die Serie Großstadtrevier mittlerweile unter anderem in die Länder Österreich, Schweiz, Italien. Im Ausland erreicht die Polizeiserie ebenfalls wie in Deutschland eine hohe Einschaltquote. Eine neue Folge (Montags, 18.50 Uhr in der ARD) sehen im Durchschnitt etwa 3,7 Millionen Zuschauer, dies entspricht einem Marktanteil von 13,9 Prozent. Bei den 14- bis 49-Jährigen werden im Schnitt 8,4 Prozent Marktanteil eingefahren. (Quelle: Das Erste)

Warmherzig – sind die Polizisten aus dem Kommissariat 14 in Hamburg. Sie sind ein eingespieltes und eingeschworenes Team, in dem sich jeder auf den anderen verlassen kann. Die Crew um Dirk Matthies in den neueren Staffeln und die Crew um Rolf Bogner und Bernd Voss in den älteren Staffeln zeichnet sich aus durch ganz unterschiedliche Charaktere mit sympathischen kleinen Macken und großem Herz.

Werbung – auch die öffentlich rechtlichen Sendeanstalten müssen im Konkurrenzkampf mit den Privaten überleben. Glücklicherweise gibt es in der ARD nur eine Werbeunterbrechung während der einzelnen Folgen. Die Wiederholungen in den Dritten Programmen (HR-Fernsehen, NDR-Fernsehen, SWR-Fernsehen, WDR-Fernsehen und andere) werden ohne Werbeunterbrechungen ausgestrahlt.

Zukunft – es geht weiter. Auch in den kommenden Jahren soll das „Großstadtrevier" weiter gedreht werden. Mit Jan Fedder, Marc Zwinz, Maria Ketikidou, Peter Fieseler, Sven Fricke, Wanda Perdelwitz, Jens Münchow, Saskia Fischer und weiteren Darstellern geht es in die Zukunft. Der Zuschauer darf sich auf unterhaltsame Folgen freuen.

Zeit – die Drehzeit ist in der Regel von Februar bis Juli eines Jahres. Dann ist eine Sommerpause, bevor es ab September eines jeden Jahres weiter geht. Fürs Filmteam steht dann allerdings nicht unbedingt Urlaub auf dem Programm – vielmehr werden in der Sommerpause Fernsehfilme oder andere Serien produziert. Meist sind es dieselben Crew-Mitglieder.

Zeitung: Auch die Polizisten aus dem „Großstadtrevier" lesen Zeitung. Damit allerdings keine Schleichwerbung auftaucht, werden extra für einzelne Folgen Deckblätter von fiktiven Zeitungen gedruckt. In der Serie heißt die Tageszeitung beispielsweise „Abendpost" (in Anlehnung einer großen Tageszeitung in Hamburg). In der 300. Jubiläumsfolge heißt die Zeitung „Kiez Tribune". Es werden grundsätzlich ausgedachte (fiktive) Namen

men für Zeitungen (oder andere Produkte) in den einzelnen Folgen verwendet. Zum einen spielen Markenrechte, zum anderen Werberechte eine besondere Rolle.

Im September 2009 gelangt folgende Mitteilung an die Öffentlichkeit: Lange hat es gedauert, aber jetzt ist es endlich wieder soweit. Deutschlands bekanntester Polizist, Dirk Matthies alias Jan Fedder, fährt auf dem Hamburger Kiez mit Kollegin Katja Metz (Anja Nejarri) wieder Streife. Zwei Jahre nach seiner schweren Schussverletzung (Folge 241: „Tage wie dieser") und den folgenden Monaten als Leiter des 14. Reviers nutzt Dirk Matthies die Umwidmung des Reviers in ein Polizeikommissariat, um dem Chefsessel und den verhassten Akten „Tschüß" zu sagen.

„Dirk Matthies zieht die alte Lederjacke wieder an. Und er arbeitet wieder da, wo er hingehört – auf der Straße. Endlich!", sagt Schauspieler Jan Fedder zur neuen Staffel.

Wie dringend Dirk Matthies gebraucht wird, macht die Folge „Ungeschriebene Gesetze" deutlich. Randale droht zwischen den Fangruppen beim Nordderby zwischen dem HSV und Werder Bremen. Dirk Matthies und Kollegin Katja Metz müssen schnellsten den Diebstahl der Fahne des HSV-Fanklubs „Die Schwarz-Weiß-Blauen" aufklären, um die Fangruppen zu beruhigen. Bei seinem Einsatz trifft Dirk Matthies eine Hamburger Legende: „Uns Uwe" Seeler (auf dem Foto in der Mitte). „Uwe Seeler und ich sind gewissermaßen Kollegen. Die Freie und Hansestadt Hamburg vergibt aus guter Tradition keine Orden. Aber um hervorragende Persönlichkeiten, die die Botschaft der Hansestadt in die Welt tragen, zu ehren, wird der Ehrentitel ‚Alster-Schleusenwärter' vergeben.

Uwe Seeler ist seit 1982 dabei. Ich wurde 2003 mit dem Titel ausgezeichnet. Und da habe ich Uwe Seeler einfach mal gefragt, ob er nicht im ‚Großstadtrevier' mitspielen möchte. Jetzt hat es geklappt", sagte Jan Fedder damals zum Sendestart der 23. Staffel.

Diese Staffel ist mit 22 Folgen die längste seit der Premiere der Kultserie „Großstadtrevier" im Jahr 1986. Im Kommissariat wird nicht nur die neue Chefin, Frau Küppers (Saskia Fischer), für neuen Wind sorgen. Die Zuschauer werden auch in der Folge „Heikle Mission" erfahren, warum TV-Moderatorin („NDR Talkshow") Barbara Schöneberger als Sängerin Helene Laufenfels die Zelle im 14. Kommissariat nicht mehr verlassen will und was Kult-Moderator Carlo von Tiedemann in einem Altersheim zu suchen hat (Folge 281: „Echt falsch").

Einzelheiten zu weiteren prominenten Gastdarstellern können Sie ab Seite152 lesen.

Hamburg – mit etwa 1,8 Millionen Einwohnern Deutschlands zweitgrößte Stadt. In der Hansestadt entstanden bislang 386 Folgen dieser Polizeiserie. Drei Folgen (Landpartie) wurden in der Nähe von Kappeln im nördlichen Schleswig-Holstein produziert. Die Jubäumsfolge „5 nach 12" wurde in Bad Segeberg (ebenfalls in Schleswig-Holstein) gedreht.
Das Foto oben rechts zeigt die Außenalster in Hamburg. Darunter ist Hamburgs Fernsehturm (Heinrich-Hertz-Turm) zu sehen – beides beliebte Kulissen fürs „Großstadtrevier".

Die „**Große Freiheit**" ist in den vergangenen 30 Jahren mehrfach als Kulisse in diversen Folgen vom „Großstadtrevier" zu sehen gewesen. Links: Nicki Beck und Lothar Krüger vor dem Kommissariat 14 in Hamburg.

Die Fahrzeugflotte aus dem „Großstadtrevier"

Die Einsatzwagen der Serie sind meist Modelle der 5er Serie der Marke BMW. Im Laufe der Zeit wurden in den vergangenen 30 Jahren die Baureihen E12, E34, E39, E60 und F10 verwendet. In den frühen Folgen kam auch des Öfteren ein Ford zum Einsatz. Auf dem Parkplatz vor der Wache 14 / Kommissariat 14 stehen auch Fahrzeuge der Marke VW.

Das Foto links zeigt den Streifenwagen Peter 14/2 mit dem Kennzeichen HH 7202. Es hat eine grüne Lackierung. Das Foto entstand im Jahr 2003 bei Dreharbeiten in der Mendelsohnstraße in Hamburg-Bahrenfeld.

Peter 14/2

Das Foto links zeigt den Streifenwagen Peter 14/2 mit dem Kennzeichen HH 7202 im Jahr 2008. Es ist eine neuere Version der Marke BMW und vorallem hat dieses Fahrzeug eine blaue Lackierung. Auf dem Foto rechts zu erkennen: der Zivilwagen von Harry Möller und Henning Schulz.

Der Streifenwagen Peter 14/2 mit dem Kennzeichen HH 7203 im Jahr 2015. Es ist eine neuere Version der Marke BMW.

Peter 14/2

Das Foto links zeigt den Streifenwagen Peter 14/2 mit dem Kennzeichen HH 7203. Auf dem Foto rechts zu erkennen: der Streifenwagen mit Funkrufnamen Peter 14/3.

Der Streifenwagen mit Funkrufnamen Peter 14/3. Mit diesem Polizeidienstfahrzeug fahren unter anderem Nina Sieveking und Daniel Schirmer.

Peter 14/3

Funkkrad

In den Folgen 1 bis 54 gibt es den Motorradpolizisten Neithardt Köhler, gespielt von Kay Sabban. Wenn der sympathische Beamte nicht gerade Innendienst im Revier 14 absolviert, fährt er in einigen Folgen mit seinem Motorrad (damals mit grüner Lackierung) auf Streife. Seit des Todes von Kay Sabban (letzte Folge: „Pferdediebe") wurde die Rolle des Streifenpolizisten auf einem Motorrad nicht mehr besetzt. Ein Polizeimotorrad kommt nur noch als Beiwerk in einzelnen Folgen vor. Beispielsweise in der Folge „Ein neuer Anfang" (Episode 285) werkelt ein Polizist vor dem Eingang des Polizeikommissariats 14 an einem Dienstmotorrad herum. Hauke Jessen, der sich als Ersatz für Zivilfahnder Henning Schulz (der für ein halbes Jahr nach Afghanistan geflogen ist, um dort Polizisten auszubilden) im Kommissariat 14 bewirbt, bietet seine kompetente Hilfe an. Das Motorrad ist auch zu sehen, wenn eine Außenansicht des Kommissariats eingeblendet wird. Das amtliche Kennzeichen lautet HH 7014.

Funkstreifenwagen vor dem PK 14

Zivilwagen mit Rufnamen Peter 14/21

Der Zivilwagen von Harry Möller und Mads Thomsen mit dem Funkrufnamen „Peter 14/21". Der Name Peter kommt von „Peterwagen". So wird in Hamburg ein Streifenwagen der Polizei genannt. 14 steht für das Revier, in diesem Falle das 14. Revier. 21 ist die Nummer des Fahrzeugs. Alle Fahrzeuge einer Wache / eines Kommissariats sind von 1 an durchnummeriert. Wenn Mads Thomsen oder Harry Möller also den Wachhabenden des PK 14 anfunken, heißt es korrekt: „Peter 14 für Peter 14/21 kommen".

Links: So sieht das Filmfahrzeug aus, wenn es auf öffentlichen Straßen in Hamburg unterwegs ist. Die Aufschrift „Polizei" an den Seitentüren und der Motorhaube sind abgeklebt, das Blaulicht wird verhüllt und die Behördenkennzeichen abgeschraubt. Auf dem Foto rechts ist der Streifenwagen so, wie er auch in der Serie zu sehen ist: mit dem Filmkennzeichen HH 7203 und der Aufschrift „Polizei".

Die PK 14 Zwischenberichte
Dreharbeiten bei Sommerhitze luftig gestaltet

Bei sommerlichen Termperaturen von 25 Grad ist jeder, der nur kann an Alster, Elbe, Bille oder einem Badesee wie dem Öjendorfer See. Raus aus der Stadt und das schöne Wetter genießen. Es gibt aber genug Menschen, die trotz des Hochsommers in der Hansestadt arbeiten müssen. So auch die Filmcrew des „Großstadtreviers" – Deutschland beliebtester Polizeiserie, die auch im Sommer des Jahres 2014 wieder in Hamburg gedreht wurde. Das Filmteam machte im Stadtteil Hammerbrook Halt. Mit dabei: Mads Hjulmand (als Zivilermittler Mads Thomsen) und Maria Ketikidou (als Zivilermittlerin Harry Möller).

Um was geht es in der Folge im Einzelnen? Die Studio Hamburg Produktion und die Pressestelle des Norddeutschen Rundfunks hüllen sich in Schweigen. Zumindest während der Dreharbeiten. „Wir wollen keine Inhalte vorwegnehmen", heißt es. Was allerdings bekannt ist: Die neuen Folgen sollen ab Herbst dieses Jahres in der ARD (Montags, 18.50 Uhr) ausgestrahlt werden. Und was ebenfalls bekannt ist: bei den Proben für die Filmszenen zogen sich die Darsteller bis aufs letzte Hemd aus. In der Szene mussten beide Zivilermittler zwei Männern hinterherlaufen – und da kamen sie dann bei 25 Grad doch etwas ins Schwitzen. Bei der „heißen Probe" (bei der der Kameramann mitfilmt) und beim eigentlichen Dreh selbst musste dann wieder die volle Montur angezogen werden.

Zivilermittler Mads Thomsen und Zivilermittlerin Harry Möller laufen einem Mann hinterher (auf dem Bild rechts zu sehen). Bei der Probe haben beide Polizisten so wenig an wie möglich.

Zivilermittler Mads Thomsen und Zivilermittlerin Harry Möller laufen auch auf dem zweiten Foto einem Mann hinterher (auf dem Bild rechts zu sehen). Beim Dreh haben sie diesmal ihre Filmkleidung an: jeweils eine Jacke.

Die beiden Zivilermittler Harry Möller und Henning Schulz. Auf dem Foto rechts zeigt Katja Metz ihre neue blaue Dienstuniform.

Dirk Matthies ist in den Folgen 243 bis 272 Revierleiter. Auf dem Foto links sitzt er an seinem Schreibtisch. In den ersten drei Staffeln wohnte Streifenpolizist Dirk Matthies in einem der so genannten „Esso-Hochhäuser" auf der Hamburger Reeperbahn. Das Foto in der Mitte zeigt die Außenansicht eines der Hochhäuser. Auf dem Foto rechts ist der Eingang des 14. Reviers zu sehen.

Dirk Matthies vor dem Streifenwagen „Peter 14/2". Rechts: Das Team vom 14. Revier im Jahr 2003.

Dreharbeiten im Kleingartenverein in Horn

Nanu? Diesen Streifenwagen der Polizei mit dem Kennzeichen HH 7203 kennen wir doch? Richtig: Es ist der Streifenwagen aus dem „Großstadtrevier". Deutschland beliebteste Polizeiserie, die auch im Sommer 2012 in Hamburg gedreht wurde.

Das Filmteam machte im Kleingartenverein Horner Marsch e.V. (Kleingartenverein 142) in Horn Halt. Mit dabei: Dirk Matthies alias Jan Fedder, sowie seine beiden neuen Kollegen Jens Münchow als Polizeihauptkommissar Paul Dänning (auf dem Foto unten links) und Sven Fricke als Polizeikommissar Daniel Schirmer (rechts zu sehen, er hilft einem vorläufig Festgenommenen in den Streifenwagen Peter 14/2). Mehrere Tage lang drehte das Filmteam auf mehreren Fußwegen, die die einzelnen fast 950 Parzellen miteinander verbinden. Am Set standen unter anderem Wohnmobile für die Protagonisten, Maskenmobile, zwei Technik-Lkw, ein Stromerzeugerfahrzeug, die Streifenwagen Peter 14/2 und Peter 14/3, sowie ein Krankentransportwagen.

Um was geht es in der Folge im Einzelnen? Auch dieses Mal hüllen sich sowohl die Studio Hamburg Produktion als auch die Pressestelle des Norddeutschen Rundfunks (NDR) in Schweigen. Zumindest während der Dreharbeiten. „Wir wollen keine Inhalte vorwegnehmen", heißt es generell auf Nachfragen aktueller Dreharbeiten. Was allerdings bekannt ist: Die neuen Folgen werden ab November 2012 in der ARD (Montags, 18.50 Uhr) ausgestrahlt. Auf der folgenden Seite sehen Sie ein paar Impressionen von den Dreharbeiten im Jahr 2012 im Kleingartenverein 142 in Hamburg-Horn.

Dirk Matthies alias Jan Fedder auf dem Weg zum Set.

Ein Rettungstransportwagen (RTW) steht bereit. In der zu drehenden Folge muss eine verletzte Person behandelt werden.

Auch der Streifenwagen Peter 14/3 ist zur Unterstützung des Peter 14/2 am Einsatzort.

Sonderfolge „Frohe Weihnachten, Dirk Matthies"

Überraschung für den Polizeibeamten Dirk Matthies: Dem erklärten Gegner aller Weihnachtsduselei fällt am 24. Dezember ein leibhaftiger Weihnachtsmann auf das Deck seines Wohnschiffes „Repsold". Ein Weihnachtsmann, der eindeutig zu viele Promille im Blut hat und der unmöglich die Geschenke, die er noch unters Volk bringen soll, verteilen kann. Eine wichtige Liste mit den Namen der zu beschenkten Personen hat er in seinem Weihnachtsmannkostüm, die nach und nach abgearbeitet wird. Der Weihnachtsmann, der den merkwürdigen und kuriosen Namen Karim Histedt trägt, fährt zusammen mit Dirk Matthies und seinem Oldtimer durch die Stadt. Und da es schon beim ersten Versuch des betrunkenen Weihnachtsmanns, Geschenke an Kinder zu verteilen, Ärger gibt, übernimmt Dirk Matthies auch diesen Job. Erst nach und nach wird Dirk klar: Jede der Familien, die er gemeinsam mit Karim Histedt beschert, hat etwas mit seiner Jugend zu tun. Da war zunächst der damalige Besitzer der Kneipe „BigBen" an den Hamburger Landungsbrücken. Es folgt die Begegnung mit einem Fährmann, mit dem Matthies in seiner Kindheit mit seiner damaligen Freundin eigentlich nach England auswandern wollte. Zudem trifft er auf eine Frau, bei der er in Jugendjahren eine Flasche Parfüm geklaut hatte.

„Wer bist Du, Weihnachtsmann?", fragt Dirk Matthies, dem die Angelegenheit langsam unheimlich wird. Derweil geht im Kommissariat der Dienstbetrieb weiter. Kommissariatsleiterin Frau Küppers kümmert sich um die 13-jährige Emily, die Dirk und Anna Bergmann kurz vor Dienstschluss aus einer Familie geholt haben. Ihr Vater ist bei einem Familienstreit durch einen Messerstich schwer verletzt worden, ihre Mutter hat gegenüber Dirk und Anna die Schuld auf sich genommen. Aber irgendwie verhält sich Emily seltsam. Während sich Dirk und Anna auf den Weg in den Feierabend machen, gelingt es Emily in einem unbeobachteten Moment, aus dem Kommissariat zu verschwinden. „Harry" Möller und Hauke Jessen haben einen Jugendlichen verhaftet, der im Verdacht steht, einen Kiosk ausgeraubt zu haben. Ein Kinderspiel, hatte der 16-jährige Snup doch ein auffälliges Blouson an und eine gar nicht zu übersehende Mütze auf dem Kopf. Bei der ersten Vernehmung spielt Snup den harten Burschen, bis er erfährt, dass der Kioskbesitzers inzwischen an einem Herzinfarkt gestorben ist. „Damit ist der ganze Plan hin!", sagt Snup. „Welcher Plan?", wollen „Harry" und Hauke wissen. Hannes Krabbe hat indes der Weihnachtsschicht ein Fünf-Gänge-Menü versprochen. Aber typisch Hannes Krabbe: Kurz vor Geschäftsschluss schickt er Nicki Beck noch zum Einkaufen, damit das Menü zubereitet werden kann. Und wer soll kochen? Gut, dass es die liebenswürdige alte Nachbarin Frau Ahlers gibt. Während des Dienstbetriebes kommt die ältere Dame herüber ins PK 14 und stimmt mit Krabbe das Rezept ab. Schlimm: sie muss an beiden Händen je einen schweren Sack Kartoffeln zu sich nach Hause tragen. Nicki Beck kann es nicht mit ansehen und hilft der Frau. Während Hannes Krabbe delegiert, schwingt die einsame Dame den Kochlöffel. Dass am Ende auch Dirk Matthies zum großen Essen erscheint, ist fast ein kleines Wunder. Hat da etwa der Weihnachtsmann nachgeholfen?

Soweit der Kurzinhalt der Sonderfolge „Frohe Weihnachten, Dirk Matthies" (Teil 1 und 2).
Gedreht wurde diese Episode unter der Regie von Lars Jessen im Jahr 2011. Drehbuch: Norbert Eberlein.
Als Darsteller wirken in dieser Folge mit:
Dirk Matthies (Jan Fedder)
Anna Bergmann (Dorothea Schenck)
Frau Küppers (Saskia Fischer)
Hannes Krabbe (Marc Zwinz)
Nicki Beck (Sophie Moser)
Hariklia „Harry" Möller (Maria Ketikidou)
Mads Thomsen (Mads Hjulmand)
Kristin (Saskia Vester)
Benthin (Robert Gallinowski)
Oma Lüthje (Marianne Schubart-Vibach)
Fiona Marwitz (Victoria Trauttmannsdorff)
Markus Rhode (Ole Puppe)
Miriam Teichert (Stefanie Schmid)
Emily Teichert (Pauline Fuchs)
Snup (Dennis Mojen)
Max Bergmann (Oskar Schröder)
Big Harry (Harry Schmidt)
Kristin (Saskia Benter)
Frau Matz (Miriam Müller-Stahl)
Tim (Lukas Mrowietz)
Wirtin (Marion Breckwoldt)

*Schauspieler **Horst Krause** spielt in dieser Folge den betrunkenen Weihnachtsmann Karim Histedt. Er verteilt zusammen mit Dirk Matthies am Heiligabend die Geschenke – und hat immer schöne Erinnerungen für Dirk Matthies parat.*

Renate Delfs *spielt in der Folge Amanda Ahlers.*

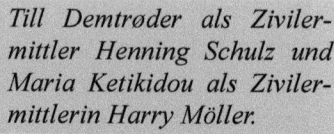

Till Demtrøder als Zivilermittler Henning Schulz und Maria Ketikidou als Zivilermittlerin Harry Möller.

Die berühmte Hafenstraße in Hamburg. Auch die dient in vielen Folgen als Kulisse. Im Vordergrund steht ein „echter" Streifenwagen der Polizei Hamburg mit Funkrufnamen „Peter 21/3".

Das geht gar nicht! Herr Mohr (gespielt von TV-Moderator Reinhold Beckmann) hat seinen Führerschein wegen Überschreitung des Tempolimits verloren. Jetzt fährt er mit seinem Auto am 14. Revier vor, parkt auf einem Parkplatz für Polizeifahrzeuge und will dann auch noch seinen Führerschein abholen – aber dalli, dalli. Revierchef Dirk Matthies und Kollege Lothar Krüger sind sich einig: Dem werden wir mal zeigen, dass jeder – ob er es eilig hat oder nicht – sich an die Gesetze zu halten hat. zu sehen ist diese Geschichte in der Folge „Das Geheimnis des Hafenpastors".

Das Zuhause von Dirk Matthies: das Schiff „Repsold" am Hamburger Hafen.

"Großstadtrevier": Lars Jessen mit der Folge „Heile Welt" für den Deutschen Regiepreis 2014 nominiert

Ein Preis von Regisseuren für Regisseure – und darum besonders wertvoll: Alljährlich vergibt der Bundesverband Regie den Preis Metropolis. Für die Kategorie TV-Serien aus dem Jahrgang 2013/14 wurde von der siebenköpfigen Jury der Regisseur Lars Jessen für seine „Großstadtrevier"-Folge „Heile Welt" nominiert. In einfühlsamen, aber auch drastischen Bildern erzählt Lars Jessen in dieser Folge 351 der Serie vom Hamburger Kiez die tiefe Krise, die Dirk Matthies (Jan Fedder) durchlebt, nachdem er im Dienst in Notwehr einen jungen Mann erschossen hat.

Lars Jessen zur Nominierung: „Das ‚Großstadtrevier' ist wie ein riesiger Tanker. Seit über 27 Jahren fährt die Serie immer geradeaus auf Erfolgskurs. Mit der Folge einer solchen TV-Serie für den Regiepreis nominiert zu werden – mehr geht eigentlich nicht. Das zeigt, dass auch in Folge 351 einer Serie spannend und aktuell erzählt werden kann, gute Regiearbeit möglich ist. Schon die Nominierung ist eine Auszeichnung."

Der Preis wurde am 9. November 2014 in München in Rahmen einer Gala-Veranstaltung in der Hochschule für Fernsehen und Film München überreicht.

Auch wenn es für Lars Jessen im Jahr 2014 „nur" bei einer Nominierung geblieben ist, freute sich der Regisseur riesig...

"Weißer Hirsch 2007" für Regiedebüt

Auch Regisseur Philipp Osthus war bezüglich seines Regiedebüts beim

„Großstadtrevier" für einen Preis nominiert. Im Jahr 2007 bekam der junge Regisseur den Preis „Weißer Hirsch" überreicht. Die Preisübergabe erfolgte am 26.9.2007 im Rahmen aktueller Dreharbeiten der Polizeiserie im Hamburger Stadtteil Barmbek.

Das Foto links zeigt: Bernhard Gleim (Executive Producer), Jungregisseur Philipp Osthus und Produzent Jan Kremer (von rechts). Der Preisträger hält den weißen Hirschen stolz in der Hand. Der Preis wurde vom Studio Hamburg verliehen.

Devid Striesow spielt Episodenhauptrolle

"Wer einmal zahlt, zahlt immer" ist eine traurige Wahrheit im Milieu der Schutzgelderpresser und zugleich Titel der abschließenden Folge der 26. Staffel „Großstadtrevier". Im Mittelpunkt der Folge, die am 18. März 2013 erstmalig ausgestrahlt wurde, stehen Kneipenwirt Manfred Dressler (Devid Striesow) und seine Ehefrau Gitta (Dagmar Leesch), die auf dem Hamburger Kiez das Lokal „Smutje" betreiben.
Kriminalkommissar Hanno Harnisch (Peter Lohmeyer) erfährt, dass die beiden bedroht werden. Versucht der Tahani-Klan, der immer mehr Macht auf dem Kiez an sich reißt, auch diese Kneipe zu kontrollieren? Harnisch wittert endlich seine Chance, Luhan Tahani, dem Chef des Klans, etwas nachweisen zu können und versucht, die Dresslers zur Zusammenarbeit zu bewegen.

„Das ‚Großstadtrevier' ist doch mittlerweile Kult!", sagte Gastdarsteller Devid Striesow zu seinem Episoden-Engagement und ergänzte: „Mich hat die Chance gereizt, eine Figur zu spielen, die über weite Strecken scheitert, weil sie sich selbst aufgegeben hat, und am Ende doch über sich hinauswächst."
Manfred Dressler hat Angst: In seiner Kneipe wird randaliert, sein Auto wird in Brand gesteckt. Soll er in dieser Situation den Polizisten vom Kommissariat 14 glauben, dass sie ihn schützen können? Keine leichte Entscheidung. „Ich würde im Fall einer Erpressung sofort die Polizei einschalten," ist sich Devid Striesow als Privatmann ganz sicher. Wer noch alles eine Gastrolle im „Großstadtrevier" hatte, erfahren Sie ab Seite 152.

Dirk Matthies (gespielt von Jan Fedder) und die Mutter von Frau Küppers (Nicole Heesters) bei Dreharbeiten im Hamburger Stadtteil Poppenbüttel im Jahr 2013. Es handelt sich um die Folge 357 („Frau Küppers' letzter Wille").

Mutter und Tochter im wirklichen Leben als auch in der „Großstadtrevier"-Folge „Frau Küppers' letzter Wille": Nicole Heesters und Saskia Fischer (rechts). Die hier gezeigten Fotos entstanden bei Dreharbeiten im Jahr 2013.

Nach dem Tod kommt die Wahrheit heraus

Als Frau Küppers von einem Selbstfindungstrip aus den Karpaten zurückkehrt, muss Dirk Matthies ihr eine traurige Nachricht überbringen: Ihre Mutter Renate ist überraschend gestorben. Dirk Matthies begleitet die seltsam gefasste Kommissariatsleiterin in das Haus ihrer Mutter und überrascht dort inflagranti einen Einbrecher, der unerkannt mit einem wertvollen Gemälde flüchten kann.

Bei den anschließenden Ermittlungen in dieser Einbruchssache findet Hannes Krabbe heraus, dass es bereits mehrere Einbrüche in die Wohnungen von kürzlich Verstorbenen gab. Die Ermittlungen führen Dirk Matthies zum Bestattungsinstitut Brandeis, wo Juniorchef Gerhard Brandeis ins Visier rückt. Zwischen ihm und seinem Vater, dem Seniorchef Rudolf Brandeis, scheint es größere Spannungen zu geben. Aber auch Michael Kurtzke, der Filialleiter eines Bestattungsdiscounters, der das Familienunternehmen Brandeis mit Dumpingpreisen unter Druck setzt, steht unter Verdacht.

Und es gibt weitere Merkwürdigkeiten: Frau Küppers weiß, dass ihre Mutter unbedingt mit ihrer Perlenkette bestattet werden wollte. Bei der Aufbahrung muss sie jedoch feststellen, dass der Schmuck durch billige Zuchtperlen ersetzt worden ist. Nach und nach stellt sich heraus, dass Renate Küppers so manches Geheimnis gehabt zu haben scheint.

Mutter und Tochter im wirklichen Leben als auch in der „Großstadtrevier"-Folge „Frau Küppers' letzter Wille": Nicole Heesters und Saskia Fischer (rechts). Auch das hier gezeigte Foto entstand bei Dreharbeiten in einem Privathaus im Stadtteil Poppenbüttel in Hamburg im Jahr 2013. Im Hintergrund ist ein riesiges Bücherregal zu sehen. Im Vordergrund steht ein Schreibtisch.

*Das bewährte Filmteam von Studio Hamburg mit Hauptdarsteller Jan Fedder als Polizeikommissar Dirk Matthies, seiner Schauspielkollegin Dorothea Schenck als Anna Bergmann und Schauspieler Klaus Manchen als Spielhallenbetreiber Heinz Baumer waren 2010 zu Gast an der Wilstorfer Straße 108 in Hamburg-Harburg. Gedreht wurde dort für die **Folge „Dumm gelaufen"**. Das Foto links zeigt Oona von Maydell und Klaus Manchen bei Dreharbeiten.*

Wenn die Zivilfahnder Harry Möller und Mads Thomsen nicht gerade mit ihrem Zivilfahrzeug unterwegs sind, so sitzen sie in ihrem Büro und schieben Innendienst.

Die Innenaufnahmen in der Spielhalle (Folge: „Dumm gelaufen") entstanden in einem Gebäude in der Wilstorfer Straße 108 in Hamburg-Harburg. Außenaufnahmen wurden jedoch in verschiedenen Stadtteilen Hamburgs produziert. Die Wohnung von Nadine (gespielt von Oona von Maydell) befindet sich im Stadtteil Altona – unweit von der Reeperbahn entfernt. Das Foto oben zeigt einen Kamera-Assistenten, davor einen Kameramann, Schauspielerin Oona von Maydell, Dorothea Schenck (mit dem Rücken zugewandt) und Schauspieler Klaus Manchen bei Dreharbeiten.

Dorothea Schenck (mit dem Rücken zugewandt) unterhält sich in einer Drehpause mit Klaus Manchen. Jan Fedder sucht Blickkontakt mit dem Regisseur.

In Drehpausen heißt es für die Schauspieler meistens warten, warten, warten. Damit die Wartezeit möglichst angenehm überbrückt wird, gibt es solche Sitzgelegenheiten – mit persönlichem, eingestickten Namen. Das Foto rechts zeigt zwei Gerätewagen von Studio Hamburg. Bis etwa 2014 waren die LKW mit dem Logo „Großstadtrevier" und dem Streifenwagen „Peter 14/2" auf beiden Seiten bedruckt.

Dirk Matthies, Katja Metz und Fabian Brandt vor dem Polizeipräsidium in Hamburg-Alsterdorf.

Polizeiobermeisterin Katja Metz ist in den Folgen 209 bis 288 im „Großstadtrevier" zu sehen.

Der damalige Intendant des NDR, Jobst Plog, Schauspieler Jan Fedder, Schauspielerin Ann-Cathrin Sudhoff und der damalige Programmdirektor der ARD, Günter Struve beim Pressetermin anlässlich des Drehs der 200. Folge. Dieses Foto entstand im Jahr 2003 in Hamburg.

Polizeiobermeister Benjamin „Ben" Kessler bereitet sich auf eine Streifenfahrt mit dem „Peter 14/2" vor. Die Beifahrertür steht schon offen...

Polizist Dirk Matthies.

Dirk Matthies und Anna Bergmann.

Big Harry ist der Kneipenwirt. Nach Dienstende kommt das Team vom 14. Revier oftmals in seine Eckkneipe.

Die Hauptdarsteller der Polizeiserie „Großstadtrevier" im Jahr 2010 (24. Staffel): Marc Zwinz (als Hannes Krabbe), Sophie Moser (Nicole Beck), Saskia Fischer (Frau Küppers), Jan Fedder (Dirk Matthies), Dorothea Schenck (Anna Bergmann), Maria Ketikidou (Harry Möller) und Steffen Groth (Hauke Jessen). Zusammen bilden sie das Team des 14. Polizeikommissariates.

Die Polizisten Piet Wellbrook und Nina Sieveking.

Die beiden Zivilfahnder **Harry Möller** *und* **Mads Thomsen** *in ihrem Büro im Kommissariat 14. Beide telefonieren gerade eine Liste mit potentiellen Verbrechern ab.*

Polizeihauptmeister Paul Dänning und Polizeikommissar Piet Wellbrook vor dem Eingang des PK 14.

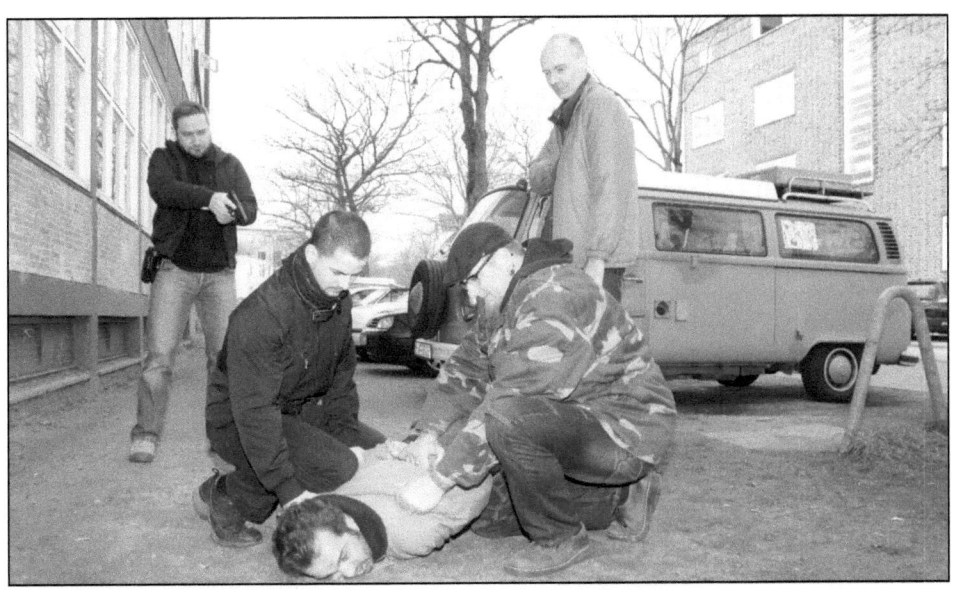

Der Streifenkollege von Dirk Matthies, Paul Dänning wird vor den Augen seiner Kollegen festgenommen. Vier Beamte der Kriminalpolizei nehmen ihn – wie das Foto oben zeigt am Boden liegend – vorläufig fest. Er soll an einem bewaffneten Bankraub beteiligt gewesen sein. Sofort nehmen die Kollegen vom Kommissariat 14 die Ermittlungen auf, um Pauls Unschuld zu beweisen.

Der Streifenpolizist Piet Wellbrook bringt eine neue Farbe in die eingeschworene Crew vom „Großstadtrevier". Er kommt als Vertretung des vom Dienst suspendierten Paul Dänning in das Team. Er ist ein erfahrener Polizist, der genau weiß, was wichtig ist. In brenzligen Situationen ist er die Ruhe selbst. Fachlich passt er also bestens ins Kommissariat 14. Aber werden sich seine Kollegen um Revierchefin Regina Küppers auch an seine bisweilen provozierende Art gewöhnen können? Vor allem der harmoniesüchtige Hannes Krabbe bangt um die familiäre Heimeligkeit seiner Wache. Zu Recht?

Harry Möller und Henning Schulz.

Zivilfahnderin Harry Möller.

Revierleiter Dirk Matthies in blauer Uniform im Jahr 2010.

Streifenpolizist Dirk Matthies in grüner Uniform im Jahr 2000.

Polizeischülerin Nicole „Nicki" Beck.

Prominenter Gastdarsteller: **Talkmaster Reinhold Beckmann** *(links) bekommt als Herr Mohr von Lothar Krüger (Peter Heinrich Brix, rechts) einen Strafzettel fürs Falschparken. Dirk Matthies (Jan Fedder) lacht sich ins Fäustchen...*

Heinz Rudolf Kunze *macht vor dem 14. Kommissariat Musik. Zu sehen ist der Musiker und Sänger („Dein ist mein ganzes Herz") in der Folge „Bretter, die die Welt bedeuten. Dort spielt Heinz Rudolf Kunze den Obdachlosen Hans-Rüdiger Kupke. Allerdings gibt er sich zunächst als Horst Köhler aus Berlin aus und versucht dauern in eine Musikhalle zu gelangen, um dort Musik zu machen.*

Nicki Beck    *Ben Kessler*    *Katja Metz*    *Dirk Matthies*

Die Hauptdarsteller der Polizeiserie „Großstadtrevier" im Jahr 2008: Till Demtrøder (als Henning Schulz), Peter Heinrich Brix (als Lothar Krüger), Maria Ketikidou (als Harry Möller), Jan Fedder (als Dirk Matthies), Anja Nejarri (als Katja Metz), Sophie Moser (als Nicki Beck) und Sebastian Hölz (als Ben Kessler). Zusammen bilden sie das Team des 14. Polizeikommissariates.

Die Hauptdarsteller im Jahr 2008: Peter Heinrich Brix, Sophie Moser, Till Demtrøder, Maria Ketikidou, Jan Fedder, Anja Nejarri und Sebastian Hölz. Im Hintergrund steht der Peterwagen „Peter 14/2", der wiederum vor dem Eingang des Reviers 14 geparkt ist.

Beide Zivilermittler mit gezogener Waffe: Harry Möller (Maria Ketikidou) und Henning Schulz (Till Demtrøder).

Harry Möller.

*„Hände hoch, hier ist die Polizei."
Nicki Beck mit gezogener Pistole.*

Katja Metz.

Dr. Sommerfeld (Mitte), der einen Kongress in Hamburg besucht, bekommt es mit den Zivilfahndern Harry Möller und Henning Schulz zu tun: Sie verhaften ihn, da er einem Apothekenräuber zum Verwechseln ähnlich sieht. Als Dr. Sommerfeld seine wahre Identität nachweisen kann, ist eine Entschuldigung fällig.

Kriminalrat Iversen.

Dreharbeiten am Wohnhaus von Dirk Matthies. Er hat sich sein Bein gebrochen, läuft auf Krücken. Seine Kollegin Katja Metz holt ihn ab, hat einen Strauß Blumen in der Hand.

Das Wohnhaus von Dirk Matthies.

Dreharbeiten an der Oberbaumbrücke in Hamburg. Im Hintergrund steht ein Imbisswagen, der extra für die Dreharbeiten ans Set gebracht wurde. Im Vordergrund ist der „Peter 14/2" zu sehen.

Der „Peter 14/2".

Die Schauspieler Jan Fedder, Sophie Moser, Marc Zwinz und Dorothea Schenck spielen Beamte des „Großstadtreviers".

Jan Fedder *mit Hamburgs Polizeipräsident* **Werner Jantosch.** *Aus dem Revier 14 wird das Kommissariat 14 (ab der 23. Staffel).*

119

Jan Fedder sitzt als Chef des PK 14 an seinem Arbeitsplatz. In zwei Staffeln ist er als Revierleiter zu sehen. Ab Staffel 27 agiert Matthies als Milieu-Ermittler auf dem Kiez. In einem Interview sagt Norddeutschlands bester Schauspieler: „Als Milieu-Ermittler beobachtet Dirk Matthies jetzt viel. Er redet mit den richtigen Leuten auf dem Kiez und kann mit seiner langen Erfahrung einen Fall richtig einschätzen."

Nicole „Nicki" Beck steigt mit der Folge „Von Monstern und Mördern" als Praktikantin im 14. Revier ein und lernt dort das Polizeihandwerk von der Pike auf. Dirk Matthies und Lothar Krüger (als „Bärenführer") nehmen sich der jungen Kollegin an.

Das Foto links zeigt Dirk Mathies als Milieu-Ermittler. Sein Markenzeichen: seine typische schwarze Lederjacke. Foto oben: Dirk Matthies und Katja Metz als Streifenpolizisten.

Piet Wellbrook ist seit der 375. Folge im Team des „Großstadtreviers".

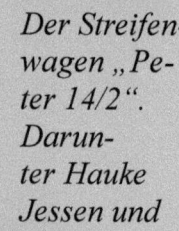

Der Streifenwagen „Peter 14/2". Darunter Hauke Jessen und Harry Möller. Das Foto oben zeigt Hannes Krabbe.

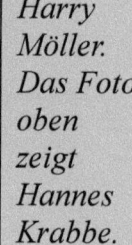

Dirk Matthies und Anna Bergmann.

Polizeikommissar Daniel Schirmer.

Was Polizeikommissar Daniel Schirmer von seinen „Kunden" verlangt, kann er auch: Hände hoch und an die Wand".

Herr Mohr und Lothar Krüger. Dirk Matthies kommt hinzu...

Die gute Seele im 14. Revier: Lothar Krüger. Der Polizist schreibt gerade einen Strafzettel für Herrn Mohr, der seinen Führerschein wegen Überschreitung des Tempolimits verloren hat und nun mit seinem Auto auf einem Parkplatz für Polizeifahrzeuge parkt.

Das Team des Polizeikommissariats 14 im Jahr 2010: Zivilfahnderin Harry Möller, Hannes Krabbe, Dirk Matthies, Anna Bergmann, Nicki Beck, Zivilfahnder Hauke Jessen und Chefin Frau Küppers.

Nicki Beck sitzt auf der Motorhaube des Streifenwagens „Peter 14/2" vor dem PK 14.
Rechts: Harry Möller und Mads Thomsen schieben Innendienst.

Dreharbeiten an Hamburgs Außenalster: Polizeihauptmeister Paul Dänning sitzt gemeinsam mit seiner Tochter Frauke (gespielt von Clara Epstein) auf einer Parkbank. Beide unterhalten sich über alltägliche Probleme.

Die Filmklappe für diese Szene ist griffbereit: jeden Moment kann gedreht werden...

Ein Womanizer sucht einen Neuanfang

In der Folge 311 („Vertauscht") hat Polizist Mads Thomsen seine Heimatstadt Kopenhagen fast fluchtartig verlassen, um unter Affären mit diversen Kolleginnen einen Schlussstrich zu ziehen. Für einen Neuanfang hat er den Job als Zivilfahnder in Hamburg angenommen. Und jetzt passiert ihm das: Vor dem ersten Arbeitstag im Kommissariat 14 lernt Mads Thomsen eine attraktive Frau in der Kneipe kennen, verbringt eine Liebesnacht mit der Unbekannten, um ihr gleich am nächsten Morgen auf der Wache wieder zu begegnen. Sein heißer Flirt (trotz der zehn Jahre Altersunterschied) wird ihm als zukünftige Arbeitskollegin Harry Möller vorgestellt, mit der er von nun an auf Verbrecherjagd gehen wird.
Harry Möller und Mads Thomsen tun erst einmal so, als ob nichts geschehen wäre. Beide arbeiten zusammen, lösen ihren ersten gemeinsamen Fall unter jungen Interrailern.
Seine Rolle als Zivilfahnder im „Großstadtrevier" sieht er so: „Mads ist ein eher lässiger Typ, der manchmal zu unkonventionellen Mitteln greift, um einen Täter zu ermitteln. Sein großes Problem: Mads wirkt ziemlich stark auf Frauen – und das bringt ihn immer wieder in Probleme. Mal flirtet er mit seiner Kollegin, mal mit einer Zeugin. Er ist nicht gerade das, was man von einem Zivilfahnder erwartet." Während sich Mads Thomsen wegen seiner familiären Wurzeln in der Hansestadt bei der Hamburger Polizei beworben hat, kam der in Kopenhagen lebende Schauspieler eher zufällig ins „Großstadtrevier". Mads Hjulmand: „Ich hatte in der Komödie ‚Ein Mann, ein Fjord' mit Hape Kerkeling mitgespielt. Und das auch nur, weil ich zwei Tage vor dem Casting in meiner Mail zufällig eine Einladung zum Casting für den Film gefunden habe. Die Einladung war in den Spam-Ordner gerutscht. Ich habe die Rolle bekommen und mir in Deutschland eine Agentur gesucht.
Über diese Agentur bin ich dann zum Casting fürs ‚Großstadtrevier' eingeladen worden." Dass die Serie in Deutschland Kultstatus besitzt, hat der Schauspieler erst viel später erfahren: „Ich war vier Jahre alt, als 1986 die erste Folge ‚Großstadtrevier' zu sehen war. Kaum zu glauben!" Nun büffelt der Däne fleißig Deutsch. „Ich habe Deutsch in der Schule gelernt, aber da hat es mir oft keinen Spaß gemacht", gibt Hjulmand offen zu. „Vielleicht verliebt sich Mads ja in die Stadt an der Elbe. Und vielleicht entwickelt sich auch etwas mit seiner Streifenkollegin Harry Möller – über die erste Liebesnacht hinaus."

Soweit in Kürze der Einstieg von Schauspieler Mads Hjulmand ins „Großstadtrevier". In der Folge 382 verlässt der gebürtige Däne die Kultserie allerdings schon wieder...

Das Foto links zeigt Mads Hjulmand. „Germany next Top Cop".

Jan Fedder spielt seit 25 Jahren den Kultbullen Dirk Matthies.

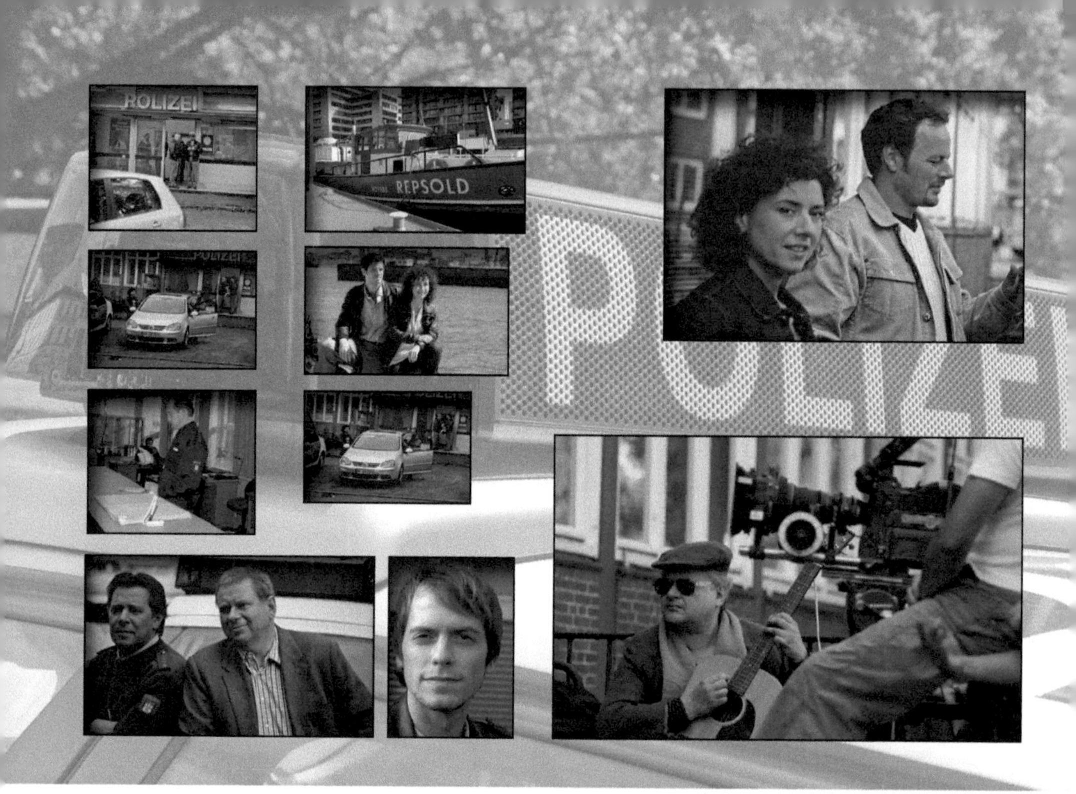
POLIZEI
REPSOLD
POLIZEI

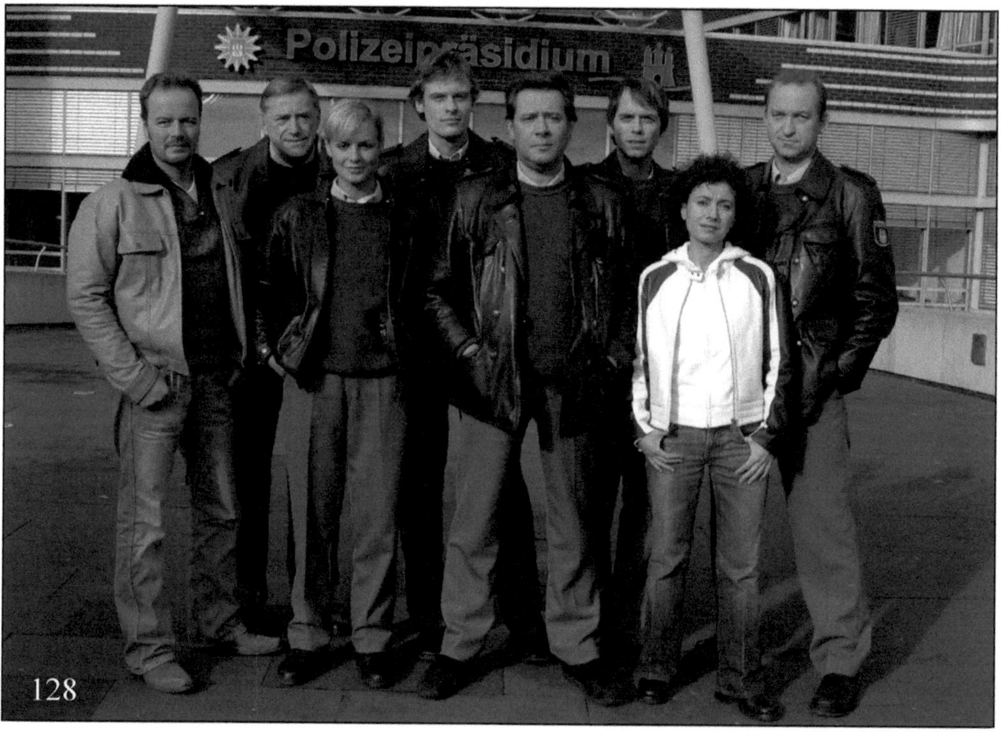
Polizeipräsidium

Der Einstieg von Paul Dänning im PK 14

Kiezbulle Dirk Matthies ist voller Freude und mächtig gespannt, seine neue Partnerin im Streifendienst kennenzulernen. Doch zu seiner Überraschung ist die Neue ein Mann: Polizeihauptmeister Paul Dänning, echtes Nordlicht, alleinerziehender Vater und ziemlicher Chaot. Erstmals seit seinem Einstieg in die TV-Serie „Großstadtrevier" vor über 25 Jahren teilt Jan Fedder alias Dirk Matthies also mit einem männlichen Kollegen den Streifenwagen. Zuvor hatten ausschließlich Schauspielerinnen diesen Part übernommen: Mareike Carrière, Britta Schmeling, Andrea Lüdke, Dorothea Schenck, Ann-Cathrin Sudhoff und Anja Nejarri. Die erste Folge des neuen Männer-Duos, „Was Altes, was Neues und was Blaues" (Buch: Anatol Roth, Regie: Till Franzen), wurde am 12. November 2012 gesendet.

Während Dirk die Überraschung noch verarbeitet, werden die beiden schon zu in ihrem ersten gemeinsamen Einsatz gerufen. Bei einem Einbruch ist der Reeperbahnwirt Siegfried Otten niedergeschlagen worden – ein weiterer Fall in einer Serie von Einbrüchen dieser Art. Bei ihren Ermittlungen stoßen Matthies und Dänning auf Nina Sieveking und Daniel Schirmer, zwei engagierte junge Kollegen vom 39. Revier, die sich an der Einbruchserie schon seit längerem die Zähne ausbeißen.

Dirk Matthies und Paul Dänning.

Unterstützung für den Verein „Weisser Ring"

„Hallo, mein Name ist Dirk Matthies" – mit diesem Satz stellte sich Schauspieler Jan Fedder als „Der Neue" im „Großstadtrevier" vor. Im April 1991 wurde diese Szene gedreht. Am 6. Oktober 1992 wurde die Folge „Der Neue" erstmalig ausgestrahlt. Seitdem ist Dirk Matthies nicht mehr wegzudenken aus dem 14. Revier (jetzt Kommissariat 14) auf dem Hamburger Kiez.

Im Mai 2011 offenbarte Michael Lehmann (Studio Hamburg FilmProduktion) eine besondere Überraschung, mit der auch Schauspieler Jan Fedder nicht rechnen konnte: „Für jeden Drehtag, den Jan Fedder beim ‚Großstadtrevier' in den Jahren 1991 bis 2011 verbracht hat hat, spendet die Studio Hamburg FilmProduktion fünf Euro an den Weissen Ring – die Hilfsorganisation für Kriminalitätsopfer und ihre Familien. Bei etwa 2.348 Tagen, die er bislang vor der Kamera stand, ergibt sich damit die stolze Summe von 11.740 Euro. Da ich weiß, dass Jan Fedder der Verein sehr am Herzen liegt, wollen wir uns mit diesem Beitrag bei unserem Protagonisten für sein unermüdliches Engagement beim ‚Großstadtrevier' herzlich bedanken."

Mit fünf Partnerinnen ging Dirk Matthies in den Jahren 1991 bis 2011 in über 270 Folgen „Großstadtrevier" auf Streife. Ellen Wegener alias Mareike Carrière war in den Staffeln 6 (Folgen 37-48) und 7 (Folgen 49-62) seine Partnerin im Streifenwagen 14/2. Und beinahe wären Ellen und Dirk ein Paar geworden. Ellens tragischer Tod zerstörte diesen Traum, bescherte dem „Großstadtrevier" allerdings in den Folgen 61 und 62 die höchste jemals gemessene Zuschauerquote. Über sieben Millionen Zuschauer bangten mit Dirk Matthies um die geliebte Kollegin.

Es folgte Britta Schmeling als Maike Bethmann in der Staffel 8 (Folge 63-72). Vier Staffeln (Staffeln 9 bis 12, Folgen 73-112) war Andrea Lüdke als Tanja König die Frau an der Seite von Dirk, bevor Dorothea Schenck für fünf Staffeln (Folgen 125-192) als Anna Bergmann den Dienst aufnahm. Als Anna schwanger wurde, gab sie den anstrengenden Job im 14. Revier auf, aber nur, um als alleinerziehende Mutter in Folge 295 zurückzukehren. Ann-Cathrin Sudhoff als Svenja Menzel (Folgen 193-208) und Anja Nejarri als Katja Metz (Folgen 209-288) hatten in der Zwischenzeit im Streifenwagen Platz genommen. In 20 Jahren hat Dirk Matthies fast alles erlebt, was in einem Polizistenleben vorstellbar ist: Er wird befördert, wegen seiner Alleingänge gerügt, selbst verdächtigt und pelgänger gefoppt. Dirk Matthies hat stets ein Herz für die kleinen Leute, auch manchmal für kleine Ganoven.

Der damalige Hamburger Landesvorsitzende der Opferschutz-Organisation „Weisser Ring", Wolfgang Sielaff, nutzte die Gelegenheit der offiziellen Spendenübergabe den Darstellern am Set und auch den vielen Mitarbeitern von Studio Hamburg, die hinter Kamera aktiv sind, die Arbeit des Vereins näher zu bringen.

„Toll, wenn man solche Freunde hat, die uns unterstützen und auch mit ihrer Popularität zur Seite stehen", freute sich Sielaff über diese besondere Spende und das Engagement.

Jan Fedder stellte bei der checkübergabe klar: „Hier wird das Geld wirklich gebraucht. Ich finde die Arbeit des Weissen Rings großartig! Und ich bin stolz, diese Summe für Studio Hamburg überreichen zu können."

Auf die Spendenübergabe wird auch im Kapitel „25 Jahre Dirk Matthies" ab Seite 200 eingegangen.

Das Foto links zeigt Jan Fedder (rechts) und Verantwortliche der Polizeiserie „Großstadtrevier" bei der Scheckübergabe.

Haben immer ein wachsames Auge auf Hamburgs Verbrecher: die Polizisten Harry Möller, Dirk Matthies, Anna Bergmann und Nicki Beck.

Wachhabener Hannes Krabbe (links) sitzt mit den Zivilfahndern Hauke Jessen und Harry Möller im Großraumbüro des Polizeikommissariats 14.

Wenn die Zivilfahnder Harry Möller und Mads Thomsen nicht gerade mit ihrem Zivilfahrzeug unterwegs sind, so sitzen sie in ihrem Büro und schieben Innendienst.

Innendienst trifft Außendienst: Polizeischülerin Nicki Beck (Sophie Moser), Wachhabener Hannes Krabbe (Marc Zwinz), Hauke Jessen (Steffen Groth) und Harry Möller (Maria Kitikidou) im 14. Polizeikommissariat.

Polizeischülerin Nicki Beck (Sophie Moser), Wachhabener Hannes Krabbe (Marc Zwinz), Hauke Jessen (Steffen Groth) und Harry Möller (Maria Kitikidou) am Set des „Großstadtreviers" in der Mendelssohnstraße in Hamburg-Bahrenfeld.

Lothar Krüger.

Henning Schulz.

Mads Thomsen.

Die Leiterin des Polizeikommissariats 14, Regina Küppers.

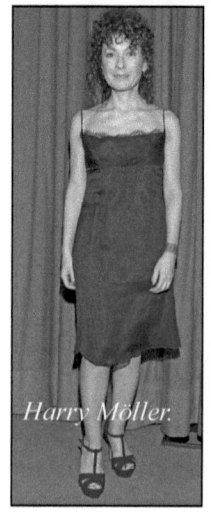

Harry Möller.

Philip Caspersen.

Von links: Die Schauspieler Marc Zwinz, Dorothea Schenck, Jan Fedder, Saskia Fischer, Maria Ketikidou, Sophie Moser und Mads Hjulmand.

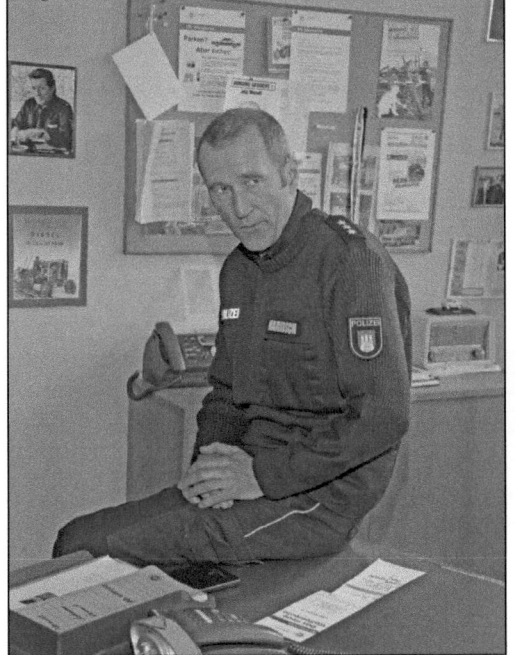

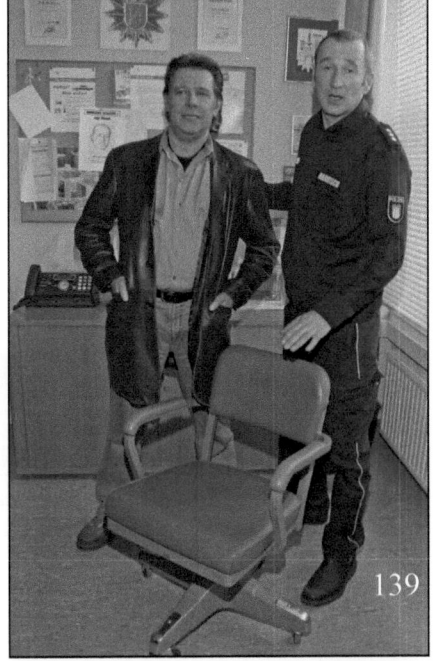

Rockpoet Heinz Rudolf Kunze wird in der Folge „Bretter, die die Welt bedeuten" zum Obdachlosen. Der Sänger von Ohrwürmern wie „Dein ist mein ganzes Herz", „Längere Tage" und „Finden Sie Mabel" stand mehrere Tage im August 2009 in Hamburg mit Jan Fedder alias Polizist Dirk Matthies vor der Kamera. Als Obdachlosen, der von den beiden Zivilfahndern Harry Möller und Henning Schulz aufgegriffen wird, soll er hinter versuchten Einbrüchen in die Musikhalle stecken. Weil er sich nicht ausweisen kann und die Ermittler mit den Worten „Mein Name ist Köhler, Horst Köhler aus Berlin" vorstellt, nehmen die Zivilfahnder ihn mit auf die Wache. Mit seiner Gitarre in der Hand sitzt er im Eingangsbereich des 14. Reviers – dort erkennt Dirk Matthies den Mann und identifiziert ihn als Ex-Schlagerstar Hans-Rüdiger Kupke.

Großes Rätselraten um diesen Musiker (links) in der Folge „Bretter, die die Welt bedeuten...

In der Folge „Bretter, die die Welt bedeuten" hat Lothar Krüger seinen letzten Einsatz als Polizist am Polizeikommissariat 14 in Hamburg. Er tingelt als Theaterschauspieler durchs Land.

Henning Schulz und Harry Möller zeigen auf Hamburgs Außenalster.

Wachhabener Hannes Krabbe (Marc Zwinz) und Polizeischülerin Nicki Beck (Sophie Moser) studieren gerade eine Polizeiakte.

Dirk Matthies für zwei Staffeln als Revierleiter

Er hat viele Kolleginnen und Kollegen kommen und gehen sehen. Dirk Matthies alias Jan Fedder blieb seiner Aufgabe immer treu. Tagtäglich war er unterwegs mit dem Streifenwagen Peter 14/2 auf dem Hamburger Kiez – immer auf der Jagd nach den großen Ganoven, aber vor allem immer mit einem offenen Ohr für die Nöte und Sorgen der kleinen Leute. Ab der 21. Staffel der Kultserie wird Dirk Matthies als Revierleiter verantwortlich für die Arbeit der ganzen Crew im 14. Revier. Eine Beförderung nicht ganz ohne Brisanz, denn Dirk Matthies ist bekannt dafür, dass er es mit den Dienstvorschriften nicht immer ganz so genau nimmt. Wie wird er sich als Vorgesetzter von Katja Metz (Anja Nejarri), Lothar Krüger (Peter Heinrich Brix), Fabian Brandt (Tomasso Cacciapuoti) und den beiden Zivilfahndern „Harry" Möller (Maria Ketikidou) und Henning Schulz (Till DemtrØder) verhalten? Die Zuschauer dürfen gespannt sein, wenn die Folgen mit dem neuen Revierführer (21. und 22. Staffel) zu sehen sind. Jan Fedder zu seiner anstehenden Beförderung: „Ich freue mich auf diese neue Rolle im ‚Großstadtrevier'. Auch in langlaufenden Formaten muss sich gelegentlich etwas ändern. Als Schauspieler stehe ich vor einer neuen reizvollen Aufgabe: In der Rolle des Revierleiters trage ich die Verantwortung für ein ganzes Polizei-Team."

Zwei Jahre lang (Staffel 21 und 22) leitet Dirk Matthies das Kommissariat 14. Die Fotos auf dieser Seite zeigen den Revierleiter in seinem Büro.

Zwei scharfe Geschütze: Hannes Krabbe und Frau Küppers. Beide ecken in mehreren Folgen aneinander, verstehen sich aber sehr gut.

Polizeimeisterin Tanja König. Sie ist in den Folgen 73 bis 124 im „Großstadtrevier" zu sehen.

Dirk Matthies und Paul Dänning.

Polizeihauptmeister Hannes Krabbe und Polizeioberrätin Regina Küppers.

Fahren in einzelnen Folgen des „Großstadtreviers" mit dem „Peter 14/3" auf Streife: Polizeikommissar Daniel Schirmer, Polizeiobermeisterin Nina Sieveking und Polizeihauptmeister Paul Dänning.

Die Hauptdarsteller des „Großstadtreviers" im Jahr 2012: Saskia Fischer, Mads Hjulmand, Maria Kitikidou, Jan Fedder, Jens Münchow, Wanda Perdelwitz, Sven Fricke und Marc Zwinz.

Katja Metz alias Anja Nejarri.

Auch Hamburgs Flussschifferkirche dient als Drehort. In „Der Hafenpastor" beispielsweise wird die schwimmende Kirche gezeigt.

Wirkt manches Mal etwas behäbig: Polizeikommissar Daniel Schirmer. Aber mit seiner Art löst er so manchen Kriminalfall. Verkörpert wird der Polizist von Schauspieler Sven Fricke. Die Fotos oben zeigen den Darsteller bei einem Fotocall im Jahr 2012.

Die Filmklappe für die Folge „Neben der Spur", die am 17.9.2007 in Hamburg gedreht wurde.
Als Regisseur stand Guido Pieters hinter der Kamera. Als Kameramann fungierte Achim Hasse.

Polizeiobermeisterin Katja Metz.   *Polizeiobermeister Ben Kessler.*

 *Das 14. Polizeirevier aus dem „Großstadtrevier". Auf dem Parkplatz steht der Privatwagen von Dirk Matthies. Das Foto rechts zeigt den Polizisten Dietmar Steiner.*

Wirtin Elli hält etwas zu Essen in der Hand, das sie ihrem Freund Dirk Matthies (liegt in der Hängematte) bringen möchte. Kameramann Achim Hasse (mit dem Rücken zugewandt) möchte die Szene filmisch festhalten und gibt den Schauspielern ein paar Hinweise.

Gehen gemeinsam auf Streife: Ben Kessler und Katja Metz – hier vor dem Eingang des 14. Reviers.

Der selbstgerechte und unzulängliche Kriminalrat Iversen taucht in den Jahren 1986 bis 2005 immer wieder im „Großstadtrevier" auf. In insgesamt 27 Folgen ist er zu sehen.

Prominente Gastdarsteller im „Großstadtrevier"

Von Anfang an spielten prominente Gastdarsteller mit. Selbst Erfinder und Regisseur Jürgen Roland schrieb sich selbst als Gastdarsteller in verschiedene Rollen ins Geschehen. So spielte er beispielsweise einen Einsatzleiter oder tauchte als Reporter auf. Zudem wirkte er als Off-Sprecher mit: seine Stimme erklang unter anderem als Radio- oder Stadionsprecher. An dieser Stelle sind einige Schauspieler erwähnt, die seit 1986 in unterschiedlichen Folgen als Gastdarsteller im „Großstadtrevier" zu sehen waren. Einige von ihnen spielten mehrfach unterschiedliche Rollen im „Großstadtrevier".

- Reinhold Beckmann
- Heidi Kabel
- Edgar Bessen
- Jo Brauner
- Oliver Broumis
- Renate Delfs
- Marek Erhardt als Kioskverkäufer, der gefälschte Bohrmaschinen verkauft
- Helga Feddersen
- Horst Frank
- Gerda Gmelin
- Uwe Hacker
- Klaus Havenstein
- Jan Hofer
- Guildo Horn
- Horst Hrubesch
- Jörg Hube
- Rainer Hunold
- Freddy Quinn
- Jenny Elvers-Elbertzhagen
- Gerd Baltus als Herr Lappe, dessen Brieftasche in Folge 275 die Leiterin des Kommissariats 14 in große Bedrängis bringt
- Catherine Stoyan
- Thea Frank

Walter Plathe spielte den Polizeibeamten Pohl. Ellen Wegener und Dirk Matthies wurden in der Folge „Tür an Tür" zu einem Fall von Kindesmisshandlung gerufen. Zu ihrer Überraschung entpuppte sich der Mann, der im Verdacht steht, seinen Sohn zu misshandeln, als Kollege.

In einer weiteren Rolle tauchte Walter Plathe als Mitarbeiter einer Kirchengemeinde auf, in dessen Auftrag er an der Haustür sammelte. Spenden

Ex-Tagesschau-Sprecher **Joachim „Jo" Brauner** hatte seinen Gastauftritt im Jahre 2005 in der Folge „Affenliebe". Die Folge spielt vorwiegend im Hamburger Tierpark. Dort wird dem Ex-Nachrichtensprecher die Brieftasche gestohlen...

Barbara Schöneberger. Sie taucht in Folge 274 als Sängerin Helene Laufenfels auf.

- Gisela Trowe
- Heinz Lieven
- Jophie Ries
- Hans Kahlert
- Uwe Hacker
- Peter Maertens
- Frank Schröder
- Fabian Harloff
- Sylvia Hoffmann
- Enno Hesse
- Ron Matz
- Eva Habermann
- Wolfgang Rau
- Angelika Gersdorf
- Anna Fischer
- Heinz Reincke
- Tana Schanzara
- Heinz Schubert
- Dietz-Werner Steck
- Ingrid Steeger
- Jessica Stockmann
- Bettina Tietjen
- Elisabeth Volkmann
- Karl-Heinz v. Liebezeit
- Lilo Wanders
- Oliver Wnuk
- Emily Wood
- Katja Woywood
- Klausjürgen Wussow
- Tilly Lauenstein
- Corny Littmann
- Heidi Mahler
- Hendrik Martz
- Carolyn McGregor
- Inge Meysel
- Heinz Rudolf Kunze
- Martin Lüttge
- Beatrice Richter
- Günter Junghans
- Marco Kröger
- Christiane Maybach
- Irina Lankowa
- Werner Berndt
- Erich Krieg

Der aus der Serie „Der Landarzt" bekannte Kräuterdoktor Hinnerksen alias **Gerhard Olschewski** stand in der Folge „Barkassenkrieg" fürs „Großstadtrevier" vor der Kamera. Olschewski verkörperte in der Folge den Barkassenchef Paul Petersen. Zusammen mit seiner Tochter betreibt er im Hamburger Hafen eine Firma, die regelmäßig Barkassen-Ausflüge macht. Allerdings ist er nicht allein: es gibt einen großen Konkurrenten – und genau in den verliebt sich seine Tochter. Es gibt Ärger, so dass die Beamten des 14. Reviers ermitteln...

Tetje Mierendorf spielt in der Folge „Der große Knall" den Herrn Kalkowski.

Michael Kessler, bekannter Comedy-Star, spielt in der Folge „Der große Knall" einen Polizisten. Zum Inhalt: Ein Knall erschüttert die friedliche Szenerie einer Schrebergartenkolonie: Neben einem schwelenden Kinderwagen liegt die verletzte Milena Clausen. Bei ihren Ermittlungen finden Dirk Matthies und Anna Bergmann riskante Feuerwerkskörper und Schwarzmarkt-Zigaretten. Unterdessen geht Zivilfahnderin Harry und Zivilfahnder Henning ein falscher Polizist ins Nest.

- Leonore Capell
- Daniela Schulz
- Matthias Weidenhöfer
- Kai Ivo Baulitz
- Oana Solomon
- Peter Moltzen
- Johannes Klaußner
- Uwe Preuss
- Jürgen Rißmann
- Sven Gielnik
- Uwe Bohm
- Ralf Novak
- Oana Solomon
- Christoph Grunert
- Michael Kind
- **Maike Bollow** spielt in der Folge „Wie es damals wirklich war" Kathrin Runge
- Oliver Bröcker
- Hendrik Arnst
- Hans Peter Hallwachs
- Konstantin Graudus
- Thomas Arnold
- Sara Fazilat
- Ivo Kortlang
- David Berton
- Carlo von Tiedemann
- Oliver Törner
- Michael Lott
- Monika Lennartz
- Rudolf Krause
- Christian Näthe
- Eva Nürnberg
- Alexander Finkenwirth
- Wolfgang Riehm
- David Rott
- Joanna Kitzl
- Achim Buch
- Jens Rachut
- Elga Schütz
- Hans Diehl
- Stephan Schad
- Hans Kahlert

Sänger **Gunter Gabriel** taucht in der Folge 319 („Wann hast Du Zeit für die Liebe?") als Countrysänger auf.

Gunter Gabriel als Countrysänger Hein Starke

Als Countrysänger Hein Starke gibt Musiker Gunter Gabriel („Hey Boss, ich brauch'mehr Geld") ein Gastspiel im „Großstadtrevier". Die Folge 319 mit dem Titel „Wann hast Du Zeit für die Liebe?" wurde erstmalig am 2. Januar 2012 ausgestrahlt.

Zum Inhalt: Trauerfeier für den Musikproduzenten John Winter: Erst gibt es eine Prügelei zwischen André Solani, dem Schwiegersohn des Toten, und dem Country-Sänger Hein Starke. Dann wird das Büro des Musikproduzenten aufgebrochen, Schränke und Schubladen durchwühlt. Da keine Wertgegenstände fehlen, kann der Täter nur das Testament gesucht haben.

Die Polizisten Dirk Matthies und Anna Bergmann versuchen, mehr über die Beziehung zwischen Giovanna, der Tochter des Musikproduzenten, seinem Schwiegersohn André Solani und Country-Star Hein Starke herauszufinden. Für alle drei hängt viel von der Frage ab: Wem gehört in Zukunft die Musikproduktion John-Winter-Records?

Dirk Matthies kann während der Ermittlungen kaum verbergen, wie sehr er sich freut, den Country-Sänger einmal persönlich kennenzulernen. Große Ehre für den Kiezpolizisten, als Hein Starke ihn auf seinem Schiff „Repsold" besucht und die beiden gemeinsam ein Lied zum Besten geben. Aber Dirk Matthies vergisst keinen Moment, dass Hein Starke, dessen Karriere ziemlich am Ende ist, zum Kreis der dringend Tatverdächtigen gehört.

„Harry" Möller und Mads Thomsen nehmen indes auf der Jungfernstieg-Terrasse Dimitri Leschnikow fest. Die Beweise scheinen eindeutig: Einem Touristen ist die Brieftasche gestohlen worden. Genau diese Brieftasche findet sich in Leschnikows Jackentasche. Aber der obdachlose Varietékünstler beteuert seine Unschuld: Zwar sei aus dem Job im Varieté „Milena", der ihm in Hamburg versprochen worden ist, nichts geworden, und ist auch sein Agent, dem er 2000 Euro gezahlt habe, mit dem Geld und seinen Papieren verschwunden. Aber ein Dieb sei er nicht! Mads und „Harry" machen sich auf die Suche nach den Taschendieben vom Jungfernstieg und nach dem Agenten, der Dimitri Leschnikow ins Unglück gestützt hat. Auf einer Phantomzeichnung erkennt Dirk in dem Agenten Mario Molnar einen berüchtigten Schlepper und Menschenhändler.

Für Gunter Gabriel der bislang einzige Auftritt im „Großstadtrevier".

Die Schauspieler Nicole Heesters, Jan Fedder und Saskia Fischer (von links) auf dem Polizeikommissariat 14 in Hamburg.

Nicole Heesters in „Wiedersehen mit einer Toten"

"Wiedersehen mit einer Toten" unter der Regie von Lars Jessen heißt die 372. Folge der fernsehserie „Großstadtrevier", die am Montag, 9. März 2015 erstmalig ausgestrahlt wurde. In dieser Episode ist Nicole Heesters wieder gemeinsam mit ihrer Tochter Saskia Fischer zu sehen. Denn Kommissariatsleiterin Frau Küppers (Saskia Fischer) erlebt eine Begegnung der dritten Art: Als sie die Villa ihrer jüngst verstorbenen Mutter Renate (Nicole Heesters) verkaufen will, begegnet ihr doch tatsächlich die Verstorbene höchstpersönlich. Es ist wie in alten Zeiten: Mutter und Tochter können sich mal wieder nicht einigen. Jede will das letzte Wort haben. Und die Kollegen im Kommissariat 14 wundern sich über eine Chefin, die offensichtlich in intensive Selbstgespräche verstrickt ist.
Und noch ein Star ist in dieser Folge des „Großstadtrevier" zu sehen: HP Baxxter, Frontmann der Band „Scooter".
„Jan Fedder hat mich angerufen und gefragt, ob ich nicht mal im ‚Großstadtrevier' mitspielen möchte. Da habe ich sofort Ja gesagt", sagte der Künstler anlässlich der Dreharbeiten. In der Folge wird die Frage beantwortet, wass „How much is the fish?" mit der Polizeiserie vom Hamburger Kiez zu tun hat. Produzentin ist Kerstin Ramcke, ausführende Produzentin Claudia Thieme (beide Studio Hamburg).

Zum Inhalt dieser Folge: Die 15-jährige Finja macht eine Aussage auf dem Kommissariat 14. Sie glaubt, dass ihr Vater einen Raubüberfall begangen hat. Angeblich hat sie sein Gesicht auf einem Phantombild erkannt. Das Problem: Finjas Vater ist schon vor elf Jahren gestorben. An seinem Tod besteht kein Zweifel. Doch Finja ist so fest davon überzeugt, dass ihr Vater noch am Leben ist und womöglich ihre Hilfe braucht, dass Nina Sieveking und Paul Dänning skeptisch werden.
Sie setzen sich mit Finjas Mutter Oxana auseinander, die als Hellseherin und Medium auf dem Dom arbeitet. Übt sie mit ihren spirituellen Hirngespinsten einen negativen Einfluss auf ihre Tochter aus?
Der Fall nimmt Fahrt auf, als Oxana angeschossen wird.
Auch Frau Küppers kämpft mit familiären Problemen. Sie will die Villa ihrer Mutter verkaufen. Aber an wen? Und ist das wirklich die richtige Entscheidung? Frau Küppers quält sich mit Gewissensfragen – und mit dem Geist ihrer toten Mutter, der sie neuerdings auf Schritt und Tritt verfolgt. Auf dem Kommissariat macht man sich bereits Sorgen. Das sonderbare Verhalten der Chefin beunruhigt vor allem Hannes Krabbe. Erst als Frau Küppers erkennt, dass sie von ihrer Mutter endgültig Abschied nehmen muss, gelingt es ihr, eine Entscheidung zu treffen.

Nicole Heesters und Saskia Fischer auf dem Polizeikommissariat 14 in Hamburg.

- Siegfried W. Kernen
- Michael Kessler
- Arnd Klawitter
- Ina Paule Klink
- Diether Krebs
- Marco Kröger
- Axel Milberg
- Brigitte Mira
- Achim Reichel
- Peter Buchholz
- Wolfgang Rau
- Angelika Gersdorf
- Michael Kind
- Jürgen Tonkel
- Florian Schneider
- Christel Peters
- Manfred Zapatka
- Hannes Hellmann
- Barbara Schöne
- Barbara Schöneberger
- Roland-Momme Jantz
- Oliver Elias
- Fips Asmussen
- Detlef Kessler
- Markus Wolter
- Christoph Eichhorn
- Rolf Becker
- Johannes Grossmann
- Edith Hancke
- Gerhard Olschewski
- Gertrud Nothorn
- Klaus Wilcke
- Benjamin Höppner
- Karin Eckhold
- Gertrud Prey
- Georg Kremer
- Johannes Grossmann
- Sebastian Dunkelberg
- Gernot Kunert
- Meike Schmidt
- Matthias Breitenbach
- Jens Weisser
- Karoline Bär
- Peter Benedict

Edith Hancke *kam eines Tages auf die Wache. Dietmar Steiner begrüßte die Dame freundlich und fragte, was er denn für Sie tun könne. Sie stellte die Frage, was denn der in ihrer Hand befindliche Brief kosten würde und was sie für eine Briefmarke draufkleben müsse. Sie ging tatsächlich davon aus, sie sei in einem Postamt. – Eine von vielen lustigen Kleinigkeiten.*

Barbara Schöne *spielt in gleich zwei Folgen im Großstadtrevier mit: In der Folge „Zartbitter" verkörpert die Berliner Schauspielerin Frau Zipp. In der Folge „Der Koffer" spielt sie die Frau Linke.*

Reiner Hunold *spielt in der Folge „Pillendreher" den Berliner Doktor Sommerfeld, der verdächtigt wird, in Hamburg Apotheken auszurauben. Im Zuge der Ermittlungen stoßen die Beamten vom 14. Revier auf einen Doppelgänger von Dr. Sommerfeld. Der Berliner Arzt interessiert sich für die Beatles und begeht eine besondere Stadtreise auf den Spuren der einzigartigen Musikband.*

Hape Kerkeling spielte im Jahr 1989 in der Folge „Dame in Not" den Judoka Hein Merry. Ellen Wegener absolvierte ein paar Übungsstunden in einem Judoverein, um sich Kenntnisse in Sachen Hebel und Würfe anzueignen. Hein Merry war ihr Trainer.

Rudolf Krause wirkt ebenfalls mehrfach in der Serie mit. Zu sehen ist Rudolf Krause in den Folgen „Revierkämpfe", „Der Sheriff von Cranz" und „Katjas Job". Auch in der Folge „Drei Tage" wirkt Krause mit.

In der Serie spielt er in der Folge „Revierkämpfe" den Autogrammsammler Edgar, der sich ständig mit Prominenten ablichten lässt. Er schleicht sich auf Galas und Presseveranstaltungen und foppt jedes Mal das Sicherheitspersonal.

Carlo von Tiedemann spielt einen Bewohner eines Alten- und Pflegeheims. Er ist begeisterter Pokerspieler. „Ich bin Otto. Kannst aber Otto zu mir sagen."

- Tina Engel
- Anne Weinknecht
- Katja Zinsmeister
- Tobias Pippig
- Julia Biedermann
- Michael Grimm
- Sabine Postel
- Gerd Lohmeyer
- Til Erwig
- Gerty Molzen
- Edgar Maschmann
- Ute Christensen
- Hans-Günter Martens
- Gerhard Wollner
- Henry König
- Wolfgang Wahl
- Thomas Schumann
- Christiane Carstens
- Sabine Steincke
- Joachim Wolff
- Oliver Bode
- Martina Ohlsen
- Helmut Ahner
- Matthias Bullach
- Barbara Valentin
- Benno Hoffmann
- Rudolf Möller
- Lutz Harder
- Eike Gallwitz
- Marina Braun
- Dorothea Kaiser
- Jörg Schüttauf
- Peter Wicke
- Klaus Münster
- Katja Petruska
- Maria Körber
- Rolf Peter Kahl
- Bela Hoche
- Senta Sommerfeld
- Kristina Nel
- Nicole Boguth
- Ralph Willmann
- Nicolas König
- Regine Lamster
- Peter Prager
- Anne Kanis
- Ludger Pistor
- Illse Werner
- Sven Simon
- Maria Fuchs
- Uta Stammer
- Sven Martinek
- Lutz Reichert
- Annette Kluge
- Klaus Nietz
- Michael Janisch
- Jan Hinrichsen
- Horst Janson
- Peter Aust
- Ralf Wolter
- Georg Weber
- Gabriele Blum
- Rainer Strecker
- Udo Schenk
- Rolf Zacher
- Thea Frank
- Tommi Pieper
- Ursela Monn
- Marco Kröger
- Klaus Havenstein
- Barbara Fenner
- Hans Kahlert
- Axel Ohlsen
- Elmar Gehlen
- Anja Schütte
- Christina Plate
- Harald Maack
- Frank Vockroth
- Joshy Peters
- Katja Studt
- Sven Martinek
- Dieter Eppler
- Katharina Schütz
- Wolfgang Spier
- Nicole Heesters
- Thomas Ahrens
- Hans Hessling
- Witta Pohl

Romantische Nachhilfe von Roger Cicero

In der Folge „Hals über Kopf" (Episode 373) erleben die Fernsehzuschauer den Vorabendklassiker „Großstadtrevier" etwas ganz Besonderes. Denn Polizeikommissar Daniel Schirmer und Polizeihauptmeister Hannes Krabbe präsentieren sich von ihrer sanften, gefühlvollen Seite - und singen den Song von Roger Cicero „Ich atme ein".

Der Grund: Daniel Schirmer versucht seine Ehefrau Caroline (gespielt von Daniela Schulz) zurückzugewinnen. Um Caroline zu überraschen, performt er gemeinsam mit dem Kollegen Hannes Krabbe bei einem Überraschungsauftritt im Wohnzimmer der gemeinsamen Wohnung das Liebeslied. Wer könnte Daniel und Hannes dabei besser unterstützen als Roger Cicero selbst, der 2006 mit dem Song „Ich atme ein" neun Wochen in den deutschen Charts war?

Unterdessen stecken Paul Dänning, Nina Sieveking und Daniel Schirmer in Ermittlungen zu einem Verkehrsunfall. Kristin Marquard hat sich mit ihrem Auto überschlagen. Die Frau liegt im Koma. Ihr Ehemann Sebastian kann sich nicht erklären, warum Kristin mit so hoher Geschwindigkeit durch die Stadt gerast ist. Sie fahre eher übervorsichtig, gibt er zu Protokoll. Und woher der Kindersitz im Unfallwagen stammt, wisse er auch nicht. Sie hätten keine Kinder.

Umso überraschter sind Paul Dänning, Nina Sieveking und Daniel Schirmer, als sie einen dreijährigen Jungen im Haus der Marquards finden. Sebastian Marquard kann zur Aufklärung der Situation wenig beitragen: Die vergangenen Tage war er beruflich unterwegs; er ist vom Flughafen aus direkt ins Krankenhaus gefahren. Das Kind will er noch nie gesehen haben. Was ist bloß vor dem Unfall geschehen?

Zivilfahnderin Harry Möller observiert derweil die Straße vor einem Kindergarten. Immer wieder werden Wertgegenstände aus parkenden Autos gestohlen, während die Eltern ihre Kinder bringen und abholen. Sie kann jedoch nichts Auffälliges beobachten, es herrscht der ganz alltägliche Trubel. Als Kommissariatsleiterin Frau Küppers ihr abends mitteilt, dass auch an diesem Tag Wertsachen aus einem Auto verschwunden seien, weiß Harry, dass sie irgendetwas übersehen haben muss.

In der Folge „Hals über Kopf" tritt Sänger Roger Cicero als sich selbst auf und gibt dem Polizisten Hannes Krabbe praktische Tipps. Nachdem Krabbe und Schirmer einen Auftritt hatten, kommen sie schwer beladen an einem blauen Bully an, vor dem Roger Cicero schon wartet. Cicero fragt: „Und, wie ist es gelaufen?" Hannes Krabbe antwortet etwas zögernd: „Jaaaa, also ich fand musikalisch – fands eigentlich – gut. Aber ansonsten wars echt blöd. Aber musikalisch fand ichs richtig..." Der prägnante Tipp zum Schluss an Hannes Krabbe gerichtet: „Da muss man üben. Am besten jeden Tag. Das musste ich auch machen." Leider war es seine einzige Gastrolle im „Großstadtrevier". Roger Cicero starb im Alter von 45 Jahren an den Folgen eines Schlaganfalls am 24. März 2016 in seiner Heimatstadt Hamburg.

- Christoph Wortberg
- Angela Roy
- Jens Scheiblich
- Edda Lesch
- Esther Esche
- Angela Hobrig
- Gert Haucke
- Arian Calix
- Martin Semmelrogge
- Erika Skrotzki
- Eva Maria Bauer
- Ernst Theo Richter
- Volker Lechtenbrink
- Dirk Bielefeld (Herr Holm)
- Dolly Dollar (Christine Zierl)
- Stephanie Kindermann
- Matthias Breitenbach
- Regine Leonhardt
- Anneke Schwabe
- Ulrike Krumbiegel
- Johanna-Christine Gehlen
- Doris Kunstmann
- Karl Heinz Kreienbaum
- Truck Stop
- Robin Hummer
- Cordula Misseling
- Herbert Tennigkeit
- Wolfgang Hartmann
- Michael Kessler
- Katrin Pollitt
- Willy Bartelsen
- Guildo Horn
- Karl Dall
- Andreas Pietschmann
- Stephan Kampwirth
- Thomas Bammer
- Justus von Dohnany
- Christian Beermann
- Jennifer Frank
- Katharina Behrens
- Philippe Graber
- und viele weitere.

Diese Liste zeigt eine Auswahl an Darstellern auf, sie erhebt keinen Anspruch auf Vollständigkeit!

Jan Fedder (l.) verkörpert seit der Folge 37 („Der Neue") den Polizisten Dirk Matthies. Wilfried Dziallas ist in den Folgen 193 bis 243 und 248 sowie 249 als Bernd Voss zu sehen.

Von links: Polizistin Nina Sieveking (Wanda Perdelwitz), Pastor Blohm (Samuel Koch), Anna Müllerschön (Sarah Elena Timpe) und Polizist Piet Wellbrook (Peter Fieseler).

Samuel Koch mit Auftritt im „Großstadtrevier"

Der Schauspieler Samuel Koch und seine Ehefrau Sarah Elena Timpe haben in der 30. Staffel Gastrollen im „Großstadtrevier" übernommen. In der Folge „Ausnahmezustand" ruft Pastor Blohm (gespielt von Samuel Koch) im Kommissariat 14 an und meldet den Diebstahl von 50 Euro aus der Kollekte. Als die Hamburger Kiez-Polizisten Nina Sieveking (Wanda Perdelwitz) und Piet Wellbrook (Peter Fieseler) mit ihrem Streifenwagen Peter 14/3 zur Kirche fahren, um den Fall aufzunehmen, behauptet Pastor Blohm überraschend, alles sei ein Irrtum gewesen. So ganz können Sieveking und Wellbrook dem Gottesmann nicht glauben. Offensichtlich versucht er, Anna Müllerschön (Sarah Elena Timpe), ein Mitglied der Gemeinde, zu schützen. Und Piet Wellbrook erinnert sich daran, dass eben diese Anna Müllerschön bereits vor Jahren in einen Ladendiebstahl verwickelt war.

Medienrummel bei den Dreharbeiten für die Folge „Ausnahmezustand" in Hamburg-Sinstorf. Am Set: Schauspieler Samuel Koch mit seiner Frau.

Gedreht wurde mehrere Tage lang auf dem Gelände der Evangelisch-lutherische Kirchengemeinde Sinstorf in Hamburg.

Gedreht wurde mehrere Tage lang auf dem Gelände der Evangelisch-lutherische Kirchengemeinde Sinstorf in Hamburg.

Samuel Koch.

TV-Serie mit dem Grünen Drehpass ausgezeichnet

Die Umwelt- und Klimaschutzinitiative der Filmförderung Hamburg Schleswig-Holstein hat am 18. Dezember 2013 die ARD-Vorabendserie „Großstadtrevier" mit dem Grünen Drehpass ausgezeichnet. Damit ist die beliebte Polizeiserie, die von der Studio Hamburg Filmproduktion (heute von der Letterbox Filmproduktion) realisiert wird, die zweite deutsche Serie, die klimaneutral realisiert wird. Über das von Hamburg als europäischer Umwelthauptstadt 2011 zertifizierte Gütesiegel für Film- und TV-Produktionen gibt die Film Commission Hamburg Schleswig-Holstein Handlungsempfehlungen, wie am Set der Energieverbrauch reduziert und Müll vermieden werden kann. Das „Großstadtrevier" hat im Jahr 2013 insgesamt 16 Folgen „grün" gedreht.

„Wir freuen uns sehr über diese Auszeichnung, denn Nachhaltigkeit und Klimaschutz sind inzwischen wichtige Bestandteile unserer Firmenphilosophie. Das ‚Großstadtrevier' ist unsere erste Produktion, die ein deutliches Signal setzt und eine Vorbildfunktion einnimmt", so Michael Lehmann, Vorsitzender der Geschäftsführung der Studio Hamburg Produktion Gruppe. „Die Verleihung des ‚Grünen Drehpass' ist eine verdiente Anerkennung für das gesamte Team und die Darsteller rund um unseren Herstellungsleiter Joerg Pawlik, der sich mit großem Engagement für die Klimainitiative der Filmförderung einsetzt.

Um die CO2-Bilanz möglichst gering zu halten, wird der Energieverbrauch in den Motiven sowie im Produktionsbüro reduziert, Flugreisen werden eingespart, Fahrgemeinschaften gebildet, so oft es geht der Fuhrpark verringert sowie energieeffiziente Lichttechnik und wieder aufladbare Stromquellen am Set eingesetzt. Im Bereich Catering werden Papp- statt Plastikbecher sowie generell Mehrweggeschirr genutzt, Dispos elektronisch verschickt sowie strikte Mülltrennung angeordnet, um nur die wichtigsten Maßnahmen des klimaneutralen Produzierens zu nennen.

Joerg Pawlik (l.) und Peter Fieseler im Gespräch.

Schluss nach 5 Jahren: Abschied von Mads Hjulmand

Der sympathische Däne Mads Hjulmand verlässt das „Großstadtrevier". Diese Pressemitteilung veröffentlichte die ausstrahlende Sendeanstalt Das Erste am 20. Januar 2016:
„Am kommenden Montag, 25. Januar 2016, läuft im Ersten die letzte Folge `Großstadtrevier` mit Zivilfahnder Mads Thomsen alias Mads Hjulmand. Nach fünf Jahren verlässt der sympathische Däne in Folge 382 der Kultserie die Polizeiwache auf dem Hamburger Kiez. Das Team um Dirk Matthies sagt: `Tschüss, Mads!`.
In seiner letzten Folge `Mats Entscheidung` (Drehbuch: Rainer Butt, Regie: Max Zähle) wird der betont lockere Ermittler zunächst von Frau Küppers zum Kommissar befördert. Mads Thomsen will endgültig in Hamburg und damit im Kommissariat 14 bleiben. Doch da tauchen seine Schwester Maja (Elena Arndt-Jensen) und sein Vater Flemming (Kurt Ravn) in der Hansestadt auf. Maja ist vor ihrem gewalttätigen Vater geflohen und hat sich einer Drückerkolonne angeschlossen. Mads muss sich entscheiden: Lässt er seine Vergangenheit in Kopenhagen und damit seine Familie hinter sich oder unterstützt er seine Schwester und seine Mutter gegen den gewalttätigen Vater? Schweren Herzens entscheidet sich Mads für seine Familie und damit für den Abschied aus Hamburg und dem Kommissariat 14.
Damit geht einer, der sich von Anfang an (Folge 311: `Der schönste Tag im Leben` am 31.10.2011) gleich als Womanizer im Team eingeführt hatte. Denn am Abend vor seinem Dienstantritt lernte Mads zufällig Harry Möller in einer Kneipe kennen. Er verbringt eine Nacht mit ihr, um am nächsten Tag festzustellen, dass er mit seiner Kollegin im Bett war. Über zwei Staffeln ist nicht klar, ob die beiden ein Paar werden. Bis Harry eine Entscheidung trifft: Sie weiß, dass Mads kein Lebenspartner für sie sein kann.
Im Leben von Mads Hjulmand hat sich in fünf Jahren `Großstadtrevier` einiges geändert. Nachdem die erste Staffel 2011 zu sehen war, wurde er nicht nur in Hamburg, sondern auch im Urlaub in Österreich und auf Malta auf seine Rolle angesprochen. Mads Hjulmand: `Ich spüre das nicht immer, wenn mich Leute erkennen. Meine Freundin kriegt das besser mit!" Den Portier in einem Hotel in Frederikshavn (Norddänemark), in dem er mit dem Team einer dänischen Filmproduktion wohnte, nachdem die Dreharbeiten für das `Großstadtrevier` beendet waren, konnte aber

auch Mads nicht übersehen. `Der Portier war Deutscher und ein großer Fan des ‚Großstadtreviers'. Ich wurde behandelt wie ein Weltstar!`, erzählt Mads Hjulmand lachend.

Seine weiteren Pläne lässt Mads erst einmal offen: `Ich habe jetzt fast acht Jahre ständig gearbeitet, erst im Theater und dann im ‚Großstadtrevier'. Jetzt muss ich erst mal überlegen, was ich in Zukunft machen möchte.` Seinen Fans verspricht er: `Ihr habt sicher nicht das Letzte von mir gesehen."

Weiter heißt es in der Pressemitteilung: „Großstadtrevier' ist eine Produktion der Letterbox Filmproduktion im Auftrag des NDR und der ARD-Werbung für Das Erste. Produzentin ist Kerstin Ramcke, ausführende Produzentin Claudia Thieme. Redaktion: Lena Miksche. Executive Producer: Bernhard Gleim (NDR)."

Quelle: Presse und Information Das Erste, München

Finden Sie die 15 Lösungswörter
Das „Großstadtrevier"-Suchrätsel

```
S C H W E R I N W I S M A R L U E B E C K C A L W E L B E A L
B O F L E N S H A M B U R G F I L M D I E T M A R S T E I N E R
E B B E F L U T G J H B V S O P H I E M O S E R G S R F O R
U M G O L D E N E N E K A M E R A K U L T S E R I E P O L H
R D F I A R D D A S E R S T E N B W O K L P T R U C K S T O P
P O L I Z E I O B E R M E I S T E R I N U N G E R T S D U N M
N O M M E N U C S K L P N I N A S I E V E K I N G N D R A R D
J A N D E Z E M B E R R P E T E R N E U S S E R R A T T E E I S
H A U K E E L B E A L S T E R D R E H A R B E I T E N B U M O
U L M H G V S C H W E R I N A R D F J B V Z D F F E R N S E H
N E I T H A R D T K O E H L E R M I C H E L S E T S T A F E K N
J Ü R G E N R O L A N D Ä Q Ü Ö J H R T N E U W E R K U G F
K S T E P H A N F I L M K L A P P E R O L F B O G N E R P O L
I Z E I M E I S T E R M O T O R R A D P O L I Z I S T Ä Ö G V Z
B A H R E N F E L D V C U Z T R P O L K B A D S E G E B E R G
```

1) Welche Filmfigur spielt Wanda Perdelwitz?
2) Welche Filmfigur verließ nach 17 Dienstjahren das 14. Revier?
3) Welchen Dienstgrad hat Polizistin Anna Bergmann in der 25. Staffel?
4) In welche Stadt lässt sich Richard Block versetzen?
5) Wer war der Erfinder der Serie „Großstadtrevier"?
6) Wer spielt Polizeimeisterin Nicole Beck?
7) Welche Band hat den Titelsong zu verantworten?
8) In welchem Programm wird die Serie ausgestrahlt?
9) Wie heißt Polizeihauptmeister Jessen mit Vornamen?
10) In welcher Stadt wurde die 300. Folge gedreht?
11) Wie heißt der Stadtteil, in dem das PK14 ist?
12) Mit welchem Preis wurde die Serie 2005 ausgezeichnet?
13) In welchem Monat wurde 1986 die Serie erstmalig ausgestrahlt?
14) Wie heißt Hamburgs Wahrzeichen in Form einer großen Kirche?
15) Die Folge „Fährmann hol'röver" wurde auf welcher Insel gedreht?

> Sie kennen sich mit der Serie „Großstadtrevier" aus und können aus dem Stegreif sagen, in welcher Straße das Kommissariat 14 in der Serie zu finden ist? Dann sind obige 15 Fragen für Sie auch kein Problem. Die Lösungen im Buchstabensalat sind ausschließlich waagerecht. Finden Sie sie? Ein weiteres Rätsel ist auf Seite 178.

Kurz und knapp

- **Regisseure** vom „Großstadtrevier" sind oder waren unter anderem: Jürgen Roland, Udo Witte, Ines Anna Krämer, Guido Pieters, Christian Stier, Wilfried Dotzel, Felix Herzigenrath, Christian Görlitz, Lars Jessen, Kai Borsche, Heiner Carow, Helmut Förnbacher, Dietrich Haugk, Karin Hercher, Jan Ruzicka, Till Franzen, Philipp Osthus, Marcus Weiler.

- Zu den **Drehbuchautoren** zählen: Jan Schroeter, Felix Huby, Rainer Butt, Markus Stromiedel, Hans Dietmar Schreeb, Norbert Eberlein, Hans-Georg Thiemt, Friedhelm Werremeier, Chris Brohm, Renate Kampmann, Dirk Kämper, Lars Montag und viele andere.

- **Die Serie ist im Internet** unter http://www.daserste.de/revier/ zu finden. Dort erhalten Sie weitere Informationen übers „Großstadtrevier" mit zahlreichen Interviews (Videos), Berichten aus der Kategorie „Hinter den Kulissen" und teilweise Gewinnspielen.

- **Der Genuss von Alkohol** gehört in unserer Gesellschaft offenbar einfach dazu – so auch im Fernsehen. Vorbildlich im „Großstadtrevier": Lothar Krüger alias Peter Heirnich Brix. Er ist Abstinenzler und trinkt keinen Tropfen Alkohol. Sitz er mit seinen Kollegen bei Big Harry (oder in älteren Folgen bei Elli) in der Kneipe, greift Krüger gerne mal zu einer Apfelschorle. Endlich ein Charakter in einer Fernsehserie mit Vorbildfunktion! Lothar Krüger ist damit auch keinesfalls Außenseiter. Dass er keinen Alkohol (mehr) trinkt, stört in der geselligen Runde inmitten der Kollegen niemanden.

- Die **Räume des 14. Kommisariats** befinden sich in Hamburg-Bahrenfeld in der Mendelssohnstraße/Ecke Paul-Dessau-Straße und beherbergt im wirklichen Leben die Büros der Produktionsfirma der Serie. Die nachgebaute Polizeiwache diente aber auch als Drehort für diverse Folgen der Krimireihe „Tatort" oder „Adelheid ind ihre Mörder".

- Im Jahr 2016 wurden 16 neue Folgen gedreht, darunter **die 400. Folge** der erfolgreichen Polizeiserie. Ausgestrahlt werden sie 2017. Themen: Wölfe sind zurück in Hamburg, ein Lebensmittelskandal und das Schicksal von Flüchtlingen, die in die Hansestadt gekommen sind.

Das „Großstadtrevier" (kurz & knapp) in einem Vierzeiler:
*Seit 1986 ist das „Großstadrevier" im TV zu seh'n,
der Inhalt ist lustig, spannend und leicht zu versteh'n.
Wenig Sex, wenig Blut, dafür viele zwischenmenschliche Komponenten.
So lassen die Drehbuchautoren die einzelnen Folgen beenden.*

 Im NDR Fernsehen gab es im Jahr 2010 eine **Sondersendung zum Thema „Großstadtrevier"**. In der Wissensshow „Wer hat's gesehen", moderiert von Florian Weber, wurden Fragen zur Serie gestellt. Womit vergleicht Polizist Dirk Matthies die Liebe? Wen spielte Hape Kerkeling im „Großstadtrevier"? Fragen, die eingefleischte Fans und kompetente Experten der NDR Kultserie wie die Darsteller Jan Fedder und Maria Ketikidou beantworten sollten. Beide „Großstadtrevier"-Stars traten dabei als Kandidaten gegeneinander an, jeweils unterstützt von einem Fan dieser Serie. In dieser Variante des TV-Kultquiz drehte sich komplett alles ums Großstadtrevier. Die beliebten „Wer-hat's-gesehen-Puzzle" mussten ebenso erraten werden wie eine Zuschauerpantomime rund um einen Begriff aus dem „Großstadtrevier". In der Sendung gab es hinter jeder Frage einen lustigen, bewegenden oder überraschenden TV-Ausschnitt, oftmals mit dem „Weißt-du-noch-damals"-Effekt.

 Die Drehbuchautoren orientieren sich zum Teil auf **private Eigenschaften der Darsteller**. Peter Heinrich Brix war beispielsweise vor seiner Schauspiel-Karriere Landwirt. Schwups gibt es drei Folgen mit dem Titel „Landpartie", die auf dem platten Lande spielen und in der Heimat von Peter Heinrich Brix gedreht wurden (Kreis Schleswig-Holstein). Sophie Moser hat sich einen Namen als talentierte Violistin gemacht und ist bereits in weltbekannten Konzertsälen zwischen New York, Moskau und Berlin aufgetreten. Auch hier wurde ihr Talent ins Drehbuch geschrieben. Auch in der Rolle als Nicole Beck spielt sie Violine. Jan Fedder sammelt privat Oldtimer. Auf seinem Bauernhof – unweit des Nordostseekanals in der Nähe von Itzehoe – stehen so manche Schätzchen. Auch in der Serie „Großstadtrevier" fährt der von Jan Fedder verkörperte Polizist Dirk Matthies einen schwarzen Oldtimer.

 In den einzelnen Folgen geht es meist um **authentische Fälle**. So werden unter anderem die Geschichten von Kaufhauserpresser „Dagobert", die Geschichte eines berühmten Autogrammjägers (der sich ständig auf Veranstaltungen schleicht, um sich mit Promis ablichten zu lassen und Autogramme zu bekommen) und das Thema „Crashkid Dennis" erzählt und aufgegriffen. Zudem werden aktuelle Themen wie Schutzgelderpressung, der so genannte „Enkeltrick", Rassismus, Randale bei Fußballspielen oder beispielsweise kuriose Betrügereien aufgegriffen.

Das **Kennzeichen des Peterwagen 14/2** hat in den vergangenen 30 Jahren einige Male gewechselt. In den ersten drei Staffeln trug der Streifenwagen das Kennzeichen HH - 7202. In der vierten Staffel hatte der Streifenwagen das Kennzeichen HH - 7426. Dies ist unter anderem in den Folgen „Tod auf Raten" und „Sonntagsfrühstück" ganz deutlich zu erkennen. Ab der fünften Staffel trug der Peterwagen erneut das Kennzeichen HH - 7202. In der Staffel 21 fanden große Veränderungen im Großstadtrevier statt: aus dem 14. Revier wurde das Kommissariat 14, aus der grünen wurde die blaue Uniform, Dirk Matthies wurde zum Chef und somit Revierleiter befördert und – last but not least – aus einem grünen wurde ein blauer Streifenwagen. Seitdem trägt der Peterwagen 14/2 das Kennzeichen HH - 7203. In den vergangenen 30 Jahren war der Peter 14/2 immer ein Fahrzeug der Marke BMW, gleichwohl es verschiedene Fahrzeugtypen waren. In der Serie selbst waren aber auch Fahrzeuge anderer Marken im Einsatz: VW oder Opel beispielsweise. Die Besatzung des Peter 14/2 fuhr selbst aber auch schon mal Fahrzeuge anderer Marken – und zwar immer dann, wenn der Streifenwagen im Laufe einer Folge demoliert wurde. In der Folge „Prinz von Theben" wurde beispielsweise der Streifenwagen Peter 14/2 von einer Sprayerin beschmiert. Die Beamten stiegen dann in einen Wagen einer anderen Marke um.

In der **300. Folge** „Großstadtrevier", die am Montag, dem 10. Januar 2011, um 18:50 Uhr erstmalig ausgetrahlt wurde, ertönte ausnahmsweise nicht das Martinshorn auf dem Hamburger Kiez, sondern Pferde wieherten und Ganoven schossen umher. Sheriff Clint (Jan Fedder) nahm es in Kiez City, einer kleinen Stadt im Wilden Westen, mit knallharten Revolverhelden auf. Frank Miller (Claude Oliver Rudolph), ein gefürchteter Bandit, wurde vorzeitig aus der Haft entlassen und wollte sich an Clint rächen. In der Jubiläumsfolge „5 nach 12" spielten alle Großstadtpolizisten eine andere Rolle. Lesen Sie dazu das Sonderkapitel ab Seite 182ff.

Filmfehler im „Großstadtrevier"

Wer Fehler sucht, findet meistens auch welche. So auch beim „Großstadtrevier". Meist sind es Kleinigkeiten, oftmals aber ganz elementare Fehler, die der Fernsehzuschauer zu sehen bekommt. Die Auflistung der Filmfehler dient nicht dem Zweck, das „Großstadtrevier" in ein schlechtes Licht zu setzen oder den Requisiteuren und Regie-Assistenten eins auszuwischen. Fehler können schlicht und einfach jedem mal passieren! Außerdem erkennt der Zuschauer den größten Teil der Fehler erst beim genaueren Betrachten – womöglich erst in einer Wiederholung.
Witziger Weise sind oftmals „echte" Polizisten am Set, die als Komparsen oder Kleindarsteller in der Serie zu sehen sind. Warum dann also elementare Fehler passieren, ist schon merkwürdig. Es hat in den meisten Fällen mit diversen Kameraeinstellungen zu tun. Aber wenn ein Festgenommer allein auf der hinteren Sitzbank des Peterwagens Platz nimmt und beide Beamten vorne sitzen, hat es mit der Realität nichts zu tun. Denn: im Rahmen der Eigensicherung sitzt immer ein Beamter auf der hinteren Sitzbank (meist sogar hinter dem Fahrer, während der Festgenommene hinter dem Beifahrersitz sitzen muss) und beobachtet den Festgenommenen während der Fahrt. Oft wird bei Funksprüchen vergessen, die Sprechtaste zu drücken. Diese befindet sich in älteren Dienstwagen in der Mitte des Hörers. Ist diese nicht gedrückt, kann die Zentrale (in diesem Fall Michel) nichts hören.
Notrufe über die bekannte Rufnummer 110 landen in der Serie immer direkt auf einem Telefonapparat im 14. Revier. In der Realität hingegen gehen alle Notrufe ersteinmal in der Einsatzleitstelle bei Assistenten der so genannten „Michel-Sprecher" im Polizeipräsidium ein, die dann wiederum das entsprechende Revier ermitteln, das dann wiederum den entsprechenden Streifenwagen los schickt. Das alle Einsätze über ein bestimmtes Diensttelefon im 14. Revier koordiniert werden, ist im Wirklichen undenkbar.
Apropos undenkbar: in der Realität undenkbar, aber im Fernsehen möglich, sind hellseherische Fähigkeiten der Polizisten. Ob Henning und Harry mit ihrem Zivilfahrzeug oder Dirk Matthies mit seinem Privatwagen. Wenn die Beamten ein anderes Fahrzeug verfolgen, kann es schon mal vorkommen, dass die Beamten aus einer ganz anderen Richtung kommen. Wie machen sie das bloß?
Auch die Konditionen sind bei den Beamten des 14. Reviers manches

Mal wirklich sehr übermenschlich. Sie verfolgen zu Fuß Radfahrer oder flüchtende Diebe, Räuber und andere Verbrecher – und komischweise, trotz eines großen Vorsprungs, erwischen sie sie doch noch. In einigen Folgen ist Martinshorn zu hören, obwohl das Blauchlicht aus ist. Soweit die „elementaren Fehler", die regelmäßig vorkommen und zum Teil sehr unrealistisch sind. In den bislang 272 ausgestrahlten Folgen kommen aber auch einzelne Filmfehler vor. Aus Urheberrechtsgründen darf in diesem Buch leider kein Beweisfoto (Szenenfoto der entsprechenden Folge) gezeigt werden. Aber wer sich die entsprechenden Folgen noch einmal genauer anschaut und dann auf diese Fehler achtet, wird sicher sagen: „Stimmt! Da hat sich der Fehlerteufel eingeschlichen..."
In der Folge „Diamantenfieber" beispielsweise sitzt Henning im Zivilfahrzeug und wartet, bis Kollegin Harry aus der Fischfabrik kommt. Zu sehen ist eine Totale (Kameraeinstellung). Unmittelbar hinter dem Wagen ist ein Bürgersteig und gleich dahinter eine Hecke zu sehen. In einer wenig später gezeigten Nahaufnahme (gleiche Richtung) fahren allerdings einige Fahrzeuge entlang.
In mehreren Folgen (unter anderem „Gefährlicher Verdacht", „mitgegangen, mitgefangen") ist der Streifenwagen Peter 14/2 von vorn zu sehen. Auffällig: die Innenspiegel fehlen. Selbst die Polizei der Hansestadt Hamburg scheint vor Diebstahl nicht verschont zu sein. Erklärung: der „Streifenwagen 14/2" (in echt ein Mietwagen) steht auf einer Art Abschleppwagen. Zwischen dem Fahrerhaus des Abschleppers und dem Dienstwagen steht die Kamera. Damit noch etwas Atmosphäre vom Straßenverkehr zu sehen ist, nimmt das Team die Spiegel ab, damit mehr Freiraum zwischen den Schauspielern ist.
In der Folge „Body Check" ist es erstaunlich, dass Zivilfahnderin Harry den ehemaligen Einbrecher Kurt Schlösser besucht und mit einem Streifenwagen zu seinem Haus fährt: Der Einbrecher wohnt nämlich direkt gegenüber der Wache. Das Gebäude ist allerdings nicht als Wache mit dem Schriftzug „Polizei" am Eingang zu erkennen – das muss an dieser Stelle erwähnt werden. Dennoch: Als Kurt Schlösser aus dem Fenster schaut, ist im Hintergrund das Gebäude mit den typischen Fenstern zu erkennen – sogar der Parkplatz, auf dem die Streifenwagen stehen. Da stellt sich natürlich die Frage, warum musste Harry extra mit einem Streifenwagen auf die gegenüberliegende Straßenseite gebracht werden. Harry war in der Szene davor bereits auf der Wache – sie hätte einfach nur die Straße überqueren müssen.

In der Folge „Racheengel" fährt eine körperlich behinderte Frau mit ihrem Pkw auf einen Parkplatz. Mühsam steigt sie vom Fahrersitz in ihren Rollstuhl. Sie packt eine Waffe unter ihre Beine und möchte ins Krankenhaus, um dort den Mann zu töten, der die Schuld für ihre Tragödie im Rollstuhl trägt. In dieser Szene sind zwei Fehler: zum einen schließt sie ihren Wagen nicht ab und zum anderen fährt sie mit ihrem Rollstuhl in die falsche Richtung. Der Zuschauer sieht sie nach links aus dem Bild fahren. Das Krankehaus aber liegt – aus Sicht des Zuschauers – rechts. Sie hätte also nicht gen Motorhaube fahren sollen, sondern gen Kofferraum.
Dass das Revier 14 eigentlich ein Studio ist und für verschiedene Serien benutzt wird (unter anderem auch für den „Tatort"), ist kein Geheimnis. Die Ausstattung ist Requisite. In der Folge „Der Straßenmusikant" ist das eindeutig zu erkennen. Frau Kornmüller ist mit einer weißen Handtasche auf dem Revier 14 und telefoniert mit ihrem Mann.
Sie steht hinter dem Tresen. Auf der anderen Seite stehen Revierleiter Dirk Matthies und Ben Kessler. In der Szene, in der Frau Kornmüller gerade ihr Handy in die Handtasche steckt, fällt am unteren Bildrand auf, dass ein Stück vom Tresen fehlt. Es ist an der sonst durchgängigen blauen Umrandung zu sehen. Der Grund ist einfach: Auch wenn es ein Großraumbüro ist, in dem mehrere Polizisten Innendienst absolvieren, ist der Raum im Wirklichen sehr klein. Es stehen an verschiedenen Ecken Stative mit Scheinwerfern und vorallem eine fahrbare Kamera (mit einem so genannten Dolly). Um der Kamera mehr Freiraum geben zu können, werden schon mal die einen oder anderen Requisiten aus dem Weg geräumt. So auch ein Teil des Tresens.
In der Folge „Fahrerflucht" ist ein recht auffälliger Fehler zu sehen: Ellen Wegener und Richard Block sitzen in ihrem Streifenwagen und fahren zur Unfallstelle, an der ein kleines Kind angefahren wurde. In der Einstellung, in der der Peterwagen von vorn zu sehen ist, sieht der aufmerksame Zuschauer, dass das Kfz-Kennzeichen des Peter 14/2 verrutscht ist und das dahinter befindliche Originalkennzeichen hervorguckt. Wieso hat der Streifenwagen in der Serie zwei vordere Kennzeichen? Ganz einfach: Sämtliche Fahrzeuge, die in der Serie durchs Bild fahren, sind nicht mit ihren amtlichen („richtigen") Kennzeichen versehen, sondern bekommen Filmkennzeichen mit fiktiven Buchstaben- und Zahlenkombinationen zugewiesen, die dann mittels eines Magneten oder Knetgummi an den Original-Kennzeichen befestigt werden. Ein weiterer Fehler ist in der Folge „Der Neue" zu sehen. Wer diese Folge aufmerksam betrachtet

und beim Aufhängen der Girlande ein wachsames Auge auf Zivilfahnder Henning Schulz hat, stellt schnell fest, dass hier etwas nicht so ganz stimmt. Henning malt zusammen mit einigen seiner Kollegen ein Glückwunsch-Schild über die Tür. Eine bunte Girlande wird von Henning und einem zweiten Polizisten oberhalb des Schildes, das weit über den Türrahmen ragt, festgehalten. Von dem dahinter befindlichen Raum kann niemand das Schild samt der Girlande sehen. In einer der nächsten Einstellungen allerdings ist die Kameraeinstellung so, als sei man in diesem dahinterliegenden Raum. Nun hängt auf einmal die Girlande unterhalb des Türrahmens. Zudem ist das Teilstück der Girlande grün – in der Einstellung davor waren nur die Farben blau, gelb und rot zu sehen. In der gleichen Folge spiegelt sich übrigens die so genannte Ton-Angel (Mikrofon, das an einer langen Halterung angebracht ist) in einem weißen Pkw. Das ein Mitarbeiter des Tons zu sehen ist, kommt beim Großstadtrevier einige Male vor. Wer genau hinschaut, sieht die Ton-Angel in dieser Folge sogar ein weiteres Mal: auch wieder in einem Pkw spiegelnd. In einigen Folgen sind Fehler bezogen auf die Tageszeit zu erkennen. Es kommt vor, dass ein Einsatz im Dunkeln beginnt und im Hellen endet – und dass, obwohl nur wenige Minuten vergangen sind...

In der „Großstadtrevier"-Folge „Radrennen" ist ein Wohnwagen von Studio Hamburg im Hintergrund zu sehen. Ob es nun ein Fehler im klassischen Sinne ist? – Zumindest aber ist es nicht gern gesehen, wenn eigene Produktionsfahrzeuge zu sehen sind. Bei dem Wohnwagen von Studio Hamburg handelt es sich um einen Aufenthaltswagen für Darsteller oder Mitarbeiter.

In der Folge „Nur wegen dir" ist ebenfalls ein Fehler erkennbar: Die beiden Streifenpolizisten Katja Metz und Ben Kessler verfolgen in ihrem Einsatzwagen Peter 14/2 eine männliche Person. Vor ihnen fährt ein blaues Kraftfahrzeug. Nach einem Schnitt in eine andere Perspektive haben beide dann allerdings einen grünen Wagen vor sich. In einer weiteren Folge des „Großstadtreviers" (Folge „Helden") wird ein Junge auf einer Fußgängerbrücke von Jugendlichen überfallen und schließlich zu Boden getreten. Dabei verliert der Junge seine Brille, die zu Bruch geht. Als ihn die Streifenwagenbesatzung Peter 14/2 nach Hause fährt, trägt er allerdings wieder seine Brille. In dem Zusammenhang noch ein kleiner Fehler: da es sich bei dem Jungen um ein Kind oder zumindest jungen Jugendlichen handelt, würden ihn echte Beamte der Polizei bis an die Haustür begleiten und dann den Eltern übergeben.

In der Folge steigt er aus dem Streifenwagen und ist auf sich allein gestellt.

In einer anderen Szene laufen Zivilfahnder Harry und Henning an Hamburgs Außenalster entlang. Im Hintergrund läuft eine Joggerin in einem blauen Trainingsanzug von rechts nach links. Sie läuft also in Richtung des Wassers. In einer anderen Kameraeinstellung ist sie plötzlich verschwunden, obwohl sie noch zu sehen sein müsste. Wo ist die Joggerin? In der Folge „Rampensau" wird die Mutter einer Tanzschülerin vorläufig festgenommen. Polizist Dirk Matthies hält die Mutter an einem Arm fest. „Sie brauchen mich nicht festzuhalten, ich laufe nicht davon", sagt sie zu dem Beamten, der sie daraufhin los lässt. Und dann passiert ein schwerer Fehler: Matthies lässt sie am Arm los, geht vor und kehrt ihr den Rücken zu und geht zum Streifenwagen. Sie läuft zwar artig hinter dem Polizisten hinterher – aber in der Realität kehren die Polizisten niemals einer festgenommenen Personen den Rücken zu. In der Folge „Jens 7 Jahre" fahren Dirk Matthies und Ellen Wegener mit dem Peterwagen Streife. Es fehlt mehrfach der Innenspiegel, wenn eine Nahaufnahme beider Polizisten zu sehen ist. Zudem fährt Neithardt Köhler auf seinem Motorrad ohne Helm in eine Tiefgarage, in der geschossen wird.

In der Folge „Spiel mit der Angst" ist ebenfalls ein Filmfehler zu sehen. Lothar Krüger sagt per Funkspruch zur Streifenwagenbesetzung mit Katja Metz und Dirk Matthies: „14/2 für Peter 14 kommen". Daraufhin antwortet Dirk Matthies mit „Peter 14/2 Anton hört". Es ist zwar nur eine Kleinigkeit, aber dennoch falsch. Richtig müsste es heißen: „Peter 14/2" hört. Das Wort „Anton" dahinter (A wie Anton") wird bei der Hamburger Polizei immer dann verwendet, wenn es sich um ein Handfunkgerät handelt. In diesem Falle spricht Dirk Matthies aber in ein Dienstfunkgerät, welches im Streifenwagen Peter 14/2 eingebaut und somit fest installiert ist. Hinterher ist schließlich der korrekte Funkspruch zu hören: „14 für 14/2. Wir übernehmen." Diesmal ohne den Zusatz „Anton".

Auch in der Folge „Showdown im Revier", eine der spannendsten der bislang ausgestrahlten 390 Folgen, gibt es einen Filmfehler. Da steht ein Mitglied der Maffia mit einem Maschinengewehr am Fenster einer gegenüberliegenden Wohnung des Kommissariats 14. Schussbereit sitzt er am Fenster und wartet, bis ein Gefangener aus dem Polizeikommissariat 14 kommt und in einen so genannten Gast-KW (Gefangenentransporter der Polizei, Gast-KW deshalb, weil es sich um „Gäste" der Polizei handelt) gebracht wird. Auch wenn so ein Maschinengewehr problemlos durch eine Fensterscheibe schießen kann, stellt sich hier die Frage, warum das Fenster nicht (zumindest einen Spalt weit) geöffnet ist. Niemand setzt sich der Gefahr aus, durch splitterndes Glas verletzt zu werden. Aber davon mal abgesehen, wird plötzlich die Wohnung von einer Einheit des Mobilen Einsatzkommandos (MEK) gestürmt. Es wird eine so genannte Blend- oder Schockgranate in dem Zimmer gezündet, um den Straftäter auszuschalten. Der Zuschauer sieht einen hellen Blitz und hört zeitgleich einen Knall. Relativ unrealistisch ist allerdings, dass quasi sofort wieder klare Sichtverhältnisse in dem Raum herschen und die Person auf dem Boden liegend festgenommen wird.

Soweit an dieser Stelle ein kleiner Abriss von Filmfehlern, die in den vergangenen 30 Jahren in den bisher über 390 ausgestrahlten Folgen des „Großstadtreviers" vorgekommen sind. Wie eingangs erläutert, findet ein jeder Fehler, wenn er danach sucht. Manche Filmfehler sind ganz offensichtlich, manche erst nach mehrmaligem Anschauen einzelner Folgen ersichtlich. Wiederum einige Filmfehler wurden quasi absichtlich gemacht, damit es im Fernsehen besser aussieht. Wie auch immer: die Zuschauer sind meist erfreut, wenn sie einen Fehler entdecken. „Ach, die Leute vom Film wieder" – fällt oftmals als Kommentar...

Till Demtrøder, Maria Ketikidou, Sophie Moser, Peter Heinrich Brix, Marc Zwinz, Saskia Fischer und Jan Fedder (von links) vor dem Kimmissariat 14.

Finden Sie die 15 Lösungswörter
Das „Großstadtrevier"-Suchrätsel

```
B B U L L E J Ü R G E N R O L A N D J A N F E T T E V I
H B I A N C A U L R I K E J A N F E D D E R A R D D A
O T A R P K A S T A N I E N K R Ü G E R S T E F A N K
D U L F S T E F A N P A T R I C K H A N N E S N A D I
Z M A R C Z W I N Z P E T E R N E U S S E R T I L L
N W A C H E B I L L S T E D T N E U S T A D T M I T T E
D G U S T A V A N N A T O B I A S M A T T H I A S D E
J G U N D E L A G A U S E K L N M T R E S E N B L
N I O W K N O R B E R T S A S K I A F I S C H E R A N D U N T
S T P O L I Z E I H E R Z E N S S A C H E N B H J K P S R A L P
B B O D O H I L F E D O R O T H E A S C H E N C K
M W A C H T M E I S T E R K R I M I N A L R A T H H L
A A B B A T R U C K S T O P P K L A U S U N D K L A U S
A F P I E T P K H V I C I H A M B U R G B E R L I N B O N N B
W H A B M E N D E L S S O H N S T R A S S E K Ö L N P
```

1) Wie heißt Polizeikommissar Wellbrook mit Vornamen?
2) Wie lautet der Titel der 275. Folge des „Großstadtreviers"?
3) Welcher Darsteller spielt in der Serie Dirk Matthies?
4) Wie heißt Polizistin Bergmann mit Vornamen?
5) Wer erfand die Serie Großstadtrevier und führte selbst Regie?
6) In welcher Stadt spielt die Serie?
7) Wie heißt Polizist Krabbe mit Vornamen?
8) Wie heißt Frau Küppers mit bürgerlichem Namen?
9) Wer spielt den Polizisten Hannes Krabbe?
10) In welcher Straße befindet sich das Kommissariat 14?
11) Welche bekannte Musikgruppe singt den Titelsong?
12) Welcher Schauspieler verkörperte Revierleiter Rolf Bogner?
13) In welchem Stadtteil schob Katja Metz zuvor ihren Dienst?
14) Wie heißt die Schauspielerin, die Anna Bergmann spielt?
15) Welchen Dienstgrad hat Iversen (gespielt von Lutz Mackensy)?

> Sie kennen sich mit der Serie „Großstadtrevier" aus und können aus dem Stegreif sagen, wie Polizeikommissar Wellbrook mit Vornamen heißt? Dann sind obige 15 Fragen für Sie auch kein Problem. Die Lösungen im Buchstabensalat sind ausschließlich waagerecht. Finden Sie sie? Viel Spaß!

Gerätewagen, der mit einem riesigen Werbe-Aufkleber fürs „Großstadtrevier" beklebt ist. Zwei dieser Lkw gehören zur Fahrzeugflotte des Produktionsteams.

In der 27. Staffel hat das „Großstadtrevier" auch in den Redaktionsräumen des Radiosenders NDR 90,3 gedreht. Als Gaststars mit dabei waren Comedystar Karl Dall als Tontechniker Lars Ströve und Rocko Schamoni als Radiomoderator Allen Nowack. Die beiden stehen unter Verdacht, an dem Diebstahl einer Beatles-Originalaufnahme aus einem Hamburger Tonstudio beteiligt gewesen zu sein. Das Foto oben zeigt das Funkhaus des NDR im Mittelweg in Hamburg.

Lutz Mackensy: gern gesehen als fieser Kriminalrat Iversen im "Großstadtrevier".

Dr. Sommerfeld (Rainer Hunold, Mitte), der einen Kongress in Hamburg besucht, bekommt es mit den Zivilfahndern Harry Möller und Henning Schulz zu tun: Sie verhaften ihn, da er einem Apothekenräuber zum Verwechseln ähnlich sieht.

Das Zuhause von Dirk Matthies: die „Repsold".

Todesfälle von 1986 bis 2016

Bei aller Freude zum 30. Bestehen der Serie „Großstadtrevier" gibt es allerdings in den vergangenen 30 Jahren auch Ereignisse, die Anlass zum Trauern geben. Regisseure, Darsteller und sogar der Erfinder der Serie sind in der Zwischenzeit verstorben. Die folgendem Seiten sind den Verstorbenen gewidmet, die an der Serie „Großstadtrevier" beteiligt waren.

Am 6. August 1992 starb unerwartet während der Dreharbeiten der Folge 55 („Zapfenstreich") Schauspieler **Kay Sabban**. Er spielte den Motorradpolizisten Neithardt Köhler (von 1986-1992). Seine Schauspielkollegen widmeten ihm obige Folge, in deren Vorspann mit einem Widmungstext an ihn erinnert wird. Die Rolle des Motorradpolizisten wurde seit des Todes von Kay Sabban nicht wieder besetzt. Es steht zwar in aktuelleren Folgen ein Polizeimotorrad vor dem Kommissariat, allerdings mehr oder weniger zur Zierde. Die Grabstätte von Kay Sabban befindet sich auf dem Friedhof Ohlsdorf.

Wilfried Dotzel führte in über zehn Folgen Regie. Im November 1993 verstarb er im Alter von 46 Jahren in Hamburg.

Das Grab von Kay Sabban.

Am 10. Januar 2010 starb **Peter Neusser** im Alter von 77 Jahren in Berlin. Im „Großstadtrevier" spielte er in den Staffeln 1 bis 17 den Revierleiter Rolf Bogner. Peter Neusser wurde am 30. Juni 1932 in Wien geboren und war neben der Schauspielerei auch als Synchronsprecher tätig. Sein Filmdebüt hatte Peter Neusser 1956 in dem Spielfilm „Kaiserjäger". Von 1986 bis 2003 (192 Folgen) stand er als Rolf Bogner fürs „Großstadtrevier" vor der Kamera. Privat lebte Neusser in Berlin-Nikolassee. Dort soll er unbestätigten Angaben zufolge seine letzte Ruhe gefunden haben.

Mareike Carrière starb am 17. März 2014, dem Tag, an dem ihr Vater seinen 93. Geburtstag feierte, im Alter von 59 Jahren in einem Krankenhaus in Kassel (offizielle Stellungnahme ihrer Managerin: im Kreise ihrer Familie in Hamburg) an den Folgen ihrer Krebserkrankung. Mareike Carrière wurde 1986 die erste Streifenpolizistin im deutschen Fernsehen (nachdem es zuvor bereits weibliche Kommissare gegeben hatte, wie beispielsweise in der Krimireihe „Tatort") an der Seite von Arthur Brauss in der Serie „Großstadtrevier". Sie hatte zuvor bei der Polizei hospitiert und Karate und Schießen gelernt. In den Folgen 1 bis 62 spielte Mareike Carrière Polizeiobermeisterin Ellen Wegener. In der Folge „Ellens Abschied 2" stirbt Ellen Wegener einen dramatischen Serientod. Das Schauspielerin Mareike Carrière wenige Jahre später in der Realität stirbt, ist noch immer unfassbar...

Jürgen Roland, Erfinder der Serie, verstarb im Jahr 2007. Jürgen Roland schrieb unter anderem mit „Stahlnetz" und „Dem Täter auf der Spur" deutsche Fernsehgeschichte und schlug im Jahr 1986 mit dem „Großstadtrevier" ein neues TV-Kapitel auf. Der gebürtige Hamburger führte in der Serie 47 mal Regie, schrieb Drehbücher und Stand auch als Statist und Kleindarsteller für die Serie selbst vor der Kamera. Jürgen Roland verstarb am 21. September 2007 im Alter von 81 Jahren nach langer Krankheit. Die Grabstätte befindet sich auf dem Friedhof Ohlsdorf in Hamburg.

300. Folge „Großstadtrevier": Vom Wachtmeister zum Westernsheriff

Die Kultserie „Großstadtrevier" feierte am 10. Januar 2011 um 18.50 Uhr in der ARD ein Jubiläum: die 300. Folge wurde ausgestrahlt. In dieser besonderen Folge ertönte ausnahmsweise kein Martinshorn auf dem Hamburger Kiez, keine Beamten des Kommissariats 14 gingen in blauen Uniformen auf Streife und auch die alltäglichen Fälle eines Polizisten blieben aus. Stattdessen zeigte das Fernsehen eine Folge der besonderen Art in Gestalt eines alten Western. Sheriff Clint (gespielt von Jan Fedder) nahm es in Kiez City, einer kleinen Stadt im Wilden Westen, mit Revolverhelden auf. Frank Miller (Claude Oliver Rudolph), ein gefürchteter Bandit, wurde vorzeitig aus der Haft entlassen und hatte den eisernen Willen, sich an Sheriff Clint zu rächen.

In der Episode "5 nach 12" trat Jan Fedder quasi in die Fußstapfen von Clint Eastwood und John Wayne. Kiez-City war sein Revier und auf den Straßen Davidstreet, Reeperroad und Holyghostfield sorgte Sheriff Clint stets für Recht und Ordnung. Kiez-City war eine kleine Stadt im Wilden Westen, in der es gar nicht mehr so wild zuging. – Dank eines mutigen Mannes: Sheriff Clint. Revolverhelden aller Art hatte er aus der Stadt vertrieben und zum Teil in den Knast gebracht. Betrunkene Cowboys landeten lediglich zur Ausnüchterung in der Zelle. Die Straßen waren relativ sicher in Kiez-City. Deshalb konnte Sheriff Clint seiner Annie (gespielt von Dorothea Schenck) endlich ihren größten Wunsch erfüllen: die Hochzeitsreise nach Kalifornien.

Auch Sam Hank (Marc Zwinz), der Bürgermeister von Kiez-City, hatte keine Einwände gegen Clints Abwesenheit. Gemeinsam mit seiner Frau Nicki (Nicole Beck) würde er sich sogar um Annies Sohn Johnny (Oskar Schröder) kümmern. Außerdem sollte Hilfs-sheriff Harvey (Steffen Groth) für die vier Wochen den Sheriffstern tragen und die Stadt für die Abwesentheit Clints „sauber halten". Hilfssheriff Harvey konnte das kaum erwarten, schließlich hoffte er auf diese Weise, die schöne Tänzerin aus dem Saloon Harriet (Maria Ketikidou) beeindrucken zu können. Sheriff Clint hatte seine Koffer schon gepackt, die Kutsche stand bereit – und der vierwöchigen Reise stand nichts im Wege.

„Ich freu mich so, dass es endlich los geht!", sagte Annie, als sie mit einem Koffer in der Hand zur Kutsche kam. Beide waren sichtlich erfreut über die bevorstehende Hochzeitsreise. Immerhin lag die Hochzeit selbst ein ganzes Jahr zurück! Ein Hund stieß hinzu und jaulte. „Hau ab, du Töle. Noch ist das mein Revier!", sagte Sheriff Clint. Es konnte vom Prinzip her losgehen. Aber dann platzte Jimmy (Hendrik von Bültzingslöwen), der stadtbekannte Trinker, mit einem Telegramm in die Verabschiedung von Clint und Annie. Jimmy schlängelte sich durch eine belebte Straße von Kiez City, hielt das Telegramm hoch in den Händen und überbrachte den beiden folgende Nachricht:
Frank Miller (Claude-Oliver Rudolph), ein

gefürchteter Bandit, wurde vorzeitig aus der Haft entlassen. Dies hatte nichts Gutes zu bedeuten – das wussten vor allem Clint und Rachel (Saskia Fischer), die Saloonbesitzerin.

Vor mehreren Jahren hatte Sheriff Clint den Gauner Frank Miller überwältigt und dingfest gemacht, als dieser mit Waffengewalt den Saloon von Rachel übernehmen wollte.

Sheriff Clint hatte damals das Knie von Miller zerschossen – und der hatte geschworen, Clint dafür umzubringen. In dem Telegramm hieß es weiter, dass Millers Brüder Colby (Martin Semmelrogge) und Ben (Martin May) vor der Stadt auf die Mittagskutsche, mit der Frank Miller zurückkehrt, warten würden.

Aufregung machte sich breit in der kleinen Stadt. Waren die wilden Zeiten in Kiez-City zurückgekehrt? Jimmy, der Säufer, zimmerte schon mal vorsorglich ein paar Särge. Und Sheriff Clint wies jede Hilfe der Einwohner von Kiez-City zurück. Sie wollten eigentlich, dass das Paar seine Hochzeitsreise antritt – und selbst für die Sicherheit in der Stadt sorgen. Aber sie kannten Clint schlecht: Das Duell mit Frank Miller wollte er ganz alleine bestehen. Er schickte sogar den streunenden Hund wieder weg. „Das ist mein Revier. Mein Kampf. Also hau ab!"

– Mann gegen Mann – wie im Wilden Westen nun mal üblich. Dabei hat er allerdings nicht mit der Dickköpfigkeit seiner Leute gerechnet, die während des Duells von allen Seiten herströmten.

Die Filmklappe für die Jubiläumsfolge „5 nach 12", auf der der Name des Regisseurs, des Kameramannes, das Datum und die Szene geschrieben stehen. Auf dem Foto rechts reitet Martin Semmelrogge.

Jan Fedder als Sheriff Clint.

Das Ortsschild von Kiez City. Gedreht wurde in Bad Segeberg.

Ein ruhiges und vor allem friedliches Städtchen: Kiez City. Sheriff Clint hatte in seiner Stadt alles fest im Griff. Er bewahrte selbst Ruhe, als Frank Miller zurückkehrte und Rache ausüben wollte.

Jan Fedder als Sheriff Clint.

In der Folge „5 nach 12" standen auch zahlreiche Komparsen (rechts) vor der Kamera.

Das Duell: Sheriff Clint (Jan Fedder) und Frank Miller (Claude-Oliver Rudolph) in Kiez City.

Jan Fedder als Sheriff Clint vor dem Sheriff-Büro.

Die Filmklappe (links) vom 5. Oktober 2010. Gedreht wurde eine Szene für die 300. Folge „Großstadtrevier" am Kalkberg in Bad Segeberg (Schleswig-Holstein).

Das Foto oben zeigt die Original-Filmklappe vom „Großstadtrevier". In der oberen Reihe steht der Titel „Großstadtrevier", die Produktionsnummer und die Staffel.
Roll B # 56 ist der Hinweis darauf, auf welcher Filmrolle eine bestimmte Szene aufgenommen wurde. Scene 14/1 bedeutet, dass die entsprechende Szene (Szene 14) bislang einmal gedreht wurde. Take gibt die Einstellung an (in diesem Fall ist es die dritte Einstellung). Ebenfalls ist auf der Filmklappe der Namen des Regisseurs (Director) und Kameramann (Camera) zu lesen.

Dreharbeiten im „Indian Village" am Kalkberg in Bad Segeberg. Mit großem Aufgebot entstand dort innerhalb von zwei Wochen die 300. Folge.

Gute zwei Wochen lang zog das gesamte Team vom „Großstadtrevier" von Hamburg nach Bad Segeberg, um dort die gesamte 300. Folge zu produzieren. Während die Schauspieler meist morgens vom Flughafen-Fuhlsbüttel, einem Hotel oder in deren Privatwohnung in Hamburg abgeholt und nach Bad Segeberg gefahren wurden, übernachteten viele weitere Crew-Mitglieder „aus dem Hintergrund" (beispielsweise Technik, Maske, Requisite,...) in örtlichen Hotels des schleswig-holsteinischen Luftkurorts Bad Segeberg. Auch die von unten bis oben mit Technik ausgestatteten Produktionsfahrzeuge von Studio Hamburg (Foto unten) blieben die meiste Zeit vor Ort.

Unnötige Fahrten zwischen Hamburg und Bad Segeberg blieben somit aus und so konnte meist in den frühen Morgenstunden früh und effizient mit den Dreharbeiten begonnen werden.

Für die 300. Folge wurden in etwa 500.000 Euro ausgegeben, wie ein Mitarbeiter von Studio Hamburg Produktion bestätigte.

Viel Liebe zum Detail: Die Pferdekutsche trägt in der Folge „5 nach 12" (300. Folge) den Namen „14/2" in Anlehnung an den Streifenwagen Peter 14/2, mit dem Dirk Matthies und seine Kolleginnen in Hamburg Streife fahren.

Wo „Fedder" drauf steht, sitzt auch ein Fedder. Ein ungeschriebenes Gesetz besagt, dass auf diesem Stuhl nur der Hauptdarsteller persönlich Platz nehmen darf.

Mitwirkende der 300. Folge „5 nach 12":

Jan Fedder	als Sheriff Clint
Saskia Fischer	als Besitzerin eines Saloons
Dorothea Schenck	als Clints Frau Annie
Marc Zwinz	als Bürgermeister Sam Hank
Steffen Groth	als Hilfssheriff Harvey
Sophie Moser	als Nicki Hank
Maria Ketikidou	als Harriet
Karl Dall	als Charly
Martin May	als Ben Miller
Claude-Oliver Rudolph	als Frank Miller
Harry Schmidt	als Big Harry
Oskar Schröder	als Johnny
Martin Semmelrogge	als Colby
Hendrik von Bültzingslöwen	als Säufer Jimmy

Regisseur:	Philipp Osthus
Drehbuchautor:	Rainer Butt
Erstausstrahlung:	10. Januar 2011

Die Schauspieler Jan Fedder (links) und Marc Zwinz bereiten sich als Sheriff Clint und als Bürgermeister Sam Hank auf die nächste Szene vor.

Eine Drehpause wird auch schon mal in einem Schaukelstuhl verbracht...

Rechts: die „Kiez City".

Links: Der Pausenstuhl für Maria Ketikidou. Rechts: Requisiten-Bier.

Passanten und Reiter (Statisten) sind in der „Kiez City" unterwegs.

Das Besondere der 300. Jubiläumsfolge: die Protagonisten des herkömmlichen Kommissariats 14 bekamen durch neue Namen auch neue Charaktere. Hartgesottene Streifenpolizisten erhielten einen gewissen romantischen Touch. Innendienstler wie Hannes Krabbe (Marc Zwinz), der sich in konventionellen Folgen meist als Kumpel mit Problemen seiner jungen Kollegin Nicki Beck (Sophie Moser) befasst, agierte in der Jubiläumsfolge als Bürgermeister und war zudem ihr Ehemann. Harry (Maria Ketikidou), sonst als Zivilfahnderin auf dem Hamburger Kiez unterwegs, verwandelte sich in die Tänzerin Harriet und verbreitete gute Laune. Zusammen mit Kneipenwirt Harry (Harry Schulz), der die Titelmelodie des Großstadtreviers auf einem Klavier nachspielte und so tat, als hätte er sie gerade erfunden, strahlte sie eine gewisse Freundlichkeit in Westernmanier aus. Hauke Jessen (Steffen Groth) agierte als Hilfssheriff Harvey und zeigte, was in ihm steckte.

Und dann gab es da noch das Gastdarstellertrio: Claude-Oliver Rudolph, Martin Semmelrogge und Martin May. Eine Idee von Jan Fedder, seine einstigen Kollegen aus dem Filmklassiker „Das Boot" (1981) in die Westernstadt Kiez City zu holen. Mit diesen drei Bösewichten kam richtiges Western-Feeling auf…

Weitere Besonderheiten: Das Intro (Vorspann = der Beginn einer jeden Folge) wurde mit Szenen aus Kiez City ausgetauscht, die Titelmelodie mit einzelnen Schussgeräuschen, wiehernden Pferden und Geräuschen einer Kutsche untermalt.

In der auf alten Western gemachten Folge tauchten Vorgänge auf, die aktuell sind: Die Kutsche trug den Namen 14/2, ein Junge sammelte Autogramme oder beispielsweise die Straßennamen wie Holygostfield, Davidstreet oder das auf der Karte eingezeichnete Altona County.

Regisseur Philipp Osthus (links) steht mit dem Drehbuch in der Hand vor Steffen Groth und Maria Ketikidou und gibt Anweisungen.

Folge „5 nach 12" in Bildern – die Fotonachlese

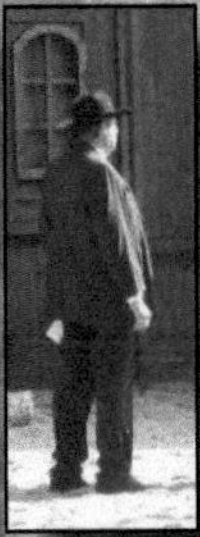

Im Vordergrund steht Sheriff Clint, links von ihm lehnt sich Frankie Milleran die Brüstung. Links und rechts stehen seine Brüder...

25 Jahre im Dienst: Polizist Dirk Matthies

In der Folge „Der Neue" (Folge 37, Staffel 4, Erstausstrahlung am 6. Oktober 1992) absolviert Dirk Matthies seinen ersten Arbeitstag im damaligen 14. Revier in der Hansestadt Hamburg. Sämtliche Kollegen sitzen bei Revierleiter Rolf Bogner im Büro und machen eine Dienstbesprechung.

Ellen Wegener und Neidhardt Köhler sind frisch zum Kommissar befördert worden – deshalb amüsieren sich die Kollegen und stoßen mit alkoholfreien Getränken auf die Beförderung an. Rolf Bogner gibt bekannt, dass Richard Block nach Schwerin versetzt und dort zum Kommissar befördert wird. Dafür soll ein neuer Kollege ins Revier kommen, über den seine alte Kollegen nicht gut zu sprechen sind. Er war zuvor im 12. Revier. „Dann hat er das 13. erfolgreich übersprungen und ist gleich bei uns gelandet", unterbricht Neidhardt Köhler die Ausführungen des Revierleiters Bogner. Wenig später öffnet sich Tür, ein junger Mann mit Zigarette im Mund und Tasche in der Hand betritt das Büro. Ein Beamter versucht ihn abzuweisen. Sofort fällt er ihm ins Wort: „Mein Name ist Dirk Matthies. Ich soll hier ab heute Dienst machen." – Der Beginn einer großartigen Karriere bei der Polizei, wie sich in den späteren Folgen herausstellt. Gespielt wird Dirk Matthies von Schauspieler Jan Fedder. Er gehört zum „Großstadtrevier" wie die Elbe zu Hamburg und in zahlreichen Interviews gibt der gebürtige Hamburger bekannt, dass die Rolle des Dirk Matthies genau das Richtige für ihn sei. „Ich gehöre zum `Großstadtrevier`. Was soll ich auch sonst machen."

Dirk Matthies und Jan Fedder sind mittlerweile ein Synonym. Mit seiner direkten, lockeren Art trifft er den Ton und hat (fast) immer einen lustigen Spruch auf den Lippen. Dies gilt für den Schauspieler als auch für Dirk Matthies.

Genau genommen begann für Jan Fedder die Karriere im „Großstadtrevier" aber nicht als Streifenpolizist Dirk Matthies, sondern als lärmender Mieter Holger Pohl in Folge 3 („Prosit Neujahr"). Außerdem tauchte Fedder als Polizeireporter in Folge 14 („Kälteeinbruch") auf und hatte zudem einen Gastauftritt in Folge 34 („Lauter ehrenwerte Leute"), in der er sein Auto als Unfallfahrer gegen die Wand setzte.

20 Jahre Dirk Matthies – dieses Jubiläum wurde am 3. Mai 2011 am Set vom „Großstadtrevier" in der Mendelssohnstraße 13 in Hamburg-Bahrenfeld gebührend gefeiert. Volker Herres (ARD-Programmdirektor),

Michael Lehmann (Vorsitzender der Studio Hamburg Produktion Gruppe), Carl Bergengruen (Vorsitzender der Geschäftsführung der Studio Hamburg GmbH), Kerstin Ramcke (Produzentin und Geschäftsführerin der Studio Hamburg Film Produktion), sowie die verantwortlichen Redakteure der Serie gehörten unter anderem zu den Gratulanten. Außerdem kam die aktuelle Schauspieler-Crew zum Anstoßen in das „Kommissariat 14".
In einer lockeren Feierstunde wurde auf das „Dienstjubiläum" angestoßen. Eine besondere Überraschung, mit der auch Jan Fedder nicht rechnete, offenbarte Michael Lehmann (auf dem Gruppenfoto links) in seiner Ansprache.

Die Verantwortlichen des „Großstadtreviers" Michael Lehmann, Kerstin Ramcke, Carl Bergengruen, Christian Granderath, Andreas Knobloch und Bernhard Gleim überreichen mit Jan Fedder den symbolischen Scheck in Höhe von 11.740 Euro an den Verein „Weißer Ring".

Volker Herres und Jan Fedder.

Für jeden Drehtag, den Schauspieler Jan Fedder im „Großstadtrevier" vor der Kamera verbrachte, spendete im Jahr 2011 die Studio Hamburg FilmProduktion fünf Euro an den Verein „Weißer Ring" (Hilfsorganisation für Kriminalitätsopfer und ihre Familien, die von Eduard Zimmermann ins Leben gerufen wurde). Bei etwa 2.348 Arbeitstagen, die Jan Fedder bis dato vor der Kamera stand, ergab sich damit eine Summe in Höhe von 11.740 Euro.

Mit insgesamt fünf Partnerinnen ging Polizist Dirk Matthies in den Jahren 1991 bis 2011 in über 270 Folgen im Einsatzgebiet des „Großstadtreviers" auf Streife.

Ellen Wegener (gespielt von Mareike Carrière) war in den Folgen 37 bis 62 (Staffeln 6 und 7) seine Partnerin im Streifenwagen Peter 14/2. Dabei war es mehr als nur eine reine dienstliche Partnerschaft. In den Folgen 61 und 62 („Ellens Abschied I + II") wären Ellen und Dirk beinahe ein Paar geworden. Ellens tragischer Tod zerstörte diesen Traum, bescherte der Serie allerdings die höchste jemals gemessene Zuschauerquote. Über sieben Millionen Zuschauer bangten zusammen mit Dirk Matthies um die geliebte Kollegin. Nach dem Tod von Ellen Wegener folgte Kollegin

Maike Bethmann (Britta Schmeling) und nahm auf dem Beifahrersitz des Peter 14/2 Platz.

Vier Staffeln (Folgen 73 bis 112) war Tanja König (gespielt von Andrea Lüdke) die Partnerin an der Seite von Dirk Matthies, bevor für fünf Staffeln (Folgen 125 bis 192) Kollegin Anna Bergmann (gespielt von Dorothea Schenck) den Dienst aufnahm.

Als Anna Bergmann schwanger wurde, gab sie den anstrengenden Job im 14. Revier auf. Erneut drehte sich das Personalkarussell und Kollegin Svenja Menzel (gespielt von Ann-Cathrin Sudhoff) nahm in den Folgen 193 bis 208 im Peterwagen an der Seite von Dirk Matthies Platz.

Ab Folge 209 kam Katja Metz alias Anja Nejarri ins 14. Revier und ging mit Dirk Matthies auf Streife.

Nach 86 Folgen verabschiedete sich Katja Metz vom Kollegium des 14. Reviers und Anna Bergmann (Dorothea Schenck) kam in Folge 295 als alleinerziehende Mutter zurück an die Seite von Dirk Matthies. Die Wiedersehensfreude wuchs ins fast Unermessliche.

In den 20 Jahren (1991 bis 2011) hat Dirk Matthies fast alles erlebt, was in einem Polizistenleben vorstellbar ist: Er wird zum Kommissar befördert, wegen seiner Alleingänge und stursinnigen Art gerügt, selbst als Dieb von Schmuckgegenständen verdächtigt, von einem Doppelgänger gefoppt, als Geisel in einem Familiendrama genommen. Dirk Matthies ist ein herzensguter Mensch, der sich vorwiegend für die kleinen Leute, manchmal auch für kleine Ganoven einsetzt. Keinen Spaß versteht er gegenüber den großen Fischen – ob es sich um Gewalttäter, Zuhälter oder Geldeintreiber handelt.

Dirk Matthies steht für Recht und Ordnung – eine Ordnung die weiß, dass im Leben manches schief laufen kann und mancher junge Straftäter eine zweite Chance verdient. Mit diesen Charaktereigenschaften geht es auch in den kommenden fünf Jahren bezüglich des Polizisten Dirk Matthies weiter. Allerdings mit einer grundlegenden Änderung im Jahr 2012: in der Folge 327 („Was Altes, was Neues und was Blaues") bekommt das Leben des Hamburger Polizisten Matthies eine Wende: Dirk Matthies ist gespannt, seine neue Partnerin kennenzulernen. Doch siehe da, die Neue ist ein Mann. Polizeihauptmeister Paul Dänning: alleinerziehender Vater, echtes Nordlicht (aus Flensburg) und ein absoluter Chaot. Während Dirk die Überraschung noch verarbeitet, werden die beiden schon zu in ihrem ersten gemeinsamen Einsatz gerufen. Bei einem Einbruch ist ein Reeperbahnwirt niedergeschlagen worden. Matthies und Dänning ermitteln.

Grund zum Anstoßen: Mads Hjulmand, Sophie Moser, Saskia Fischer, Jan Fedder, Dorothea Schenck, Marc Zwinz, Steffen Groth und Maria Ketikidou feiern „20 Jahre Dirk Matthies" vor dem Film-Kommissariat 14 in Hamburg.

Strahlen beide um die Wette: Programmdirektor Volker Herres und Jan Fedder bei der Feier „20 Jahre Dirk Matthies".

Auch in der ersten Folge des „Großstadtrevier" der 29. Staffel geht es turbulent zu: Vor den Augen seiner Kollegen verhaften vier Beamte in Zivil Paul Dänning (kleines Foto, auf dem Boden liegend) und führen ihn in Handschellen ab. Der Vorwurf: Der Polizist soll an einem bandenmäßigen Bankraub beteiligt gewesen sein. Das Team vom 14. Polizeikommissariat ist geschockt. Selbst Milieuermittler Dirk Matthies, der auf dem Hamburger Kiez schon so manches erlebt hat, ist betroffen und stellt sich die Frage: dreht sein ehemaliger Partner tatsächlich krumme Dinger?

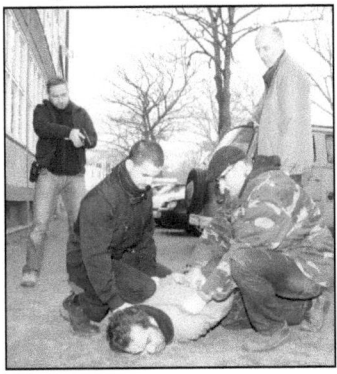

Als Milieuermittler ist Dirk Matthies quasi seit der Folge 343 („Der zweite Mann") im „Großstadtrevier". In der Folge kehrt er aus Kanada zurück und trifft auf seinen Erzfeind Doktor Wentz, den er endlich verhaften möchte. Dieser beschwert sich bei Frau Küppers über Dirk.

Im Jahr 2016, als dieses Buch geschrieben wurde, entstanden 16 neue Folgen der Serie „Großstadtrevier". Laut Pressemitteilung soll bis Ende des Jahres 2016 gedreht werden und die Episoden viele Überraschungen und die 400. Folge beinhalten. Ob es allerdings eine Feier anlässlich dieses Jubiläums und des Anlasses „30 Jahre Dirk Matthies" geben wird, steht derzeit nicht fest.

Till Demtrøder als Henning Schulz:
„Mich reizt die Authenzität der Serie"

Er gehört zweifelsohne zu den meist beschäftigten Schauspielern Deutschlands: Till Demtrøder. Über 20 Jahre lang spielte er im „Großstadtrevier" den Polizisten Henning Schulz (anfangs Schutz-, danach Zivilpolizist). Dieses Interview entstand, als Till Demtrøder noch Zivilfahnder im 14. Kommissariat war.

Till, das „Großstadtrevier" läuft bereits seit 1986 im Fernsehen. Wie oft schaust Du es dir selbst an?
Ehrlich gesagt: ganz selten. Ich bin viel unterwegs, arbeite viel und komme wirklich sehr selten zum Fernsehschauen. Abends in der Wiederholung kommt es mal vor, dass ich eine Folge anschaue. Das ist aber wirklich selten.

Du bist als Zivilfahnder „Hennig Schulz" zusammen mit Kollegin „Harry Möller" in der Polizeiserie zu sehen. Was reizt dich an dieser Serie?
Die Authenzität reizt mich. Wir erzählen heitere, spannende und vor allem realtitätsnahe Geschichten in und aus Hamburg. Mit der Serie kann ich mich zu nahezu 100 Prozent identifizieren. Es ist eine echt tolle Serie und ich bin stolz als Darsteller dabei sein zu können.

Ihr dreht in Hamburg und Umgebung. Wird der Drehort nicht langweilig?
Es ist erstaunlich: Obwohl wir tatsächlich schon in fast jedem Stadtteil gedreht haben, gibt es in Hamburg noch immer sehr viele Plätze und Orte, die einfach neu sind. Es macht einen riesigen Spaß meine Heimatstadt von immer anderen Plätzen zu erleben. Bis ich ganz Hamburg kennen gelernt habe, dauert es noch lange. Also der Drehort Hamburg wird mir keinesfalls langweilig.

Du bist viel unterwegs. Wo macht Dir das Drehen am meisten Spaß?
Ach, mir gefällt es überall dort, wo ich gerade bin. Die Schleiregion ist schön, genauso aber auch die Drehorte auf Rügen. Natürlich auch meine Heimatstadt Hamburg! Aber davon mal ganz abgesehen, wenn ich mit meiner Familie Urlaub mache, dann gefällt mir wohl die Ostseeküste in Mecklenburg-Vorpommern am schönsten (lacht).

Nun bist Du aber nicht nur vor der Kamera, sondern agierst auch als Synchronsprecher. Was macht Dir mehr Spaß?

Da ich ja Abwechslung brauche: beides. Es wäre mir zu langweilig, würde ich nur vor der Kamera stehen. Gleiches gilt für die Synchronisation: Ich glaube ich würde eingehen, würde ich nur Texte in einem kleinen Studio synchronisieren. Die Mischung macht es und deshalb macht mir beides sehr viel Spaß.

Wenn Du privat unterwegs bist, wie sprechen Dich die Menschen an?

Es ist tatsächlich der Satz „Sie sind doch der Polizist aus dem Großstadtrevier" am häufigsten zu hören. Ich habe mich mittlerweile daran gewöhnt. Als ich noch in Uniform gedreht habe, war das noch sehr viel extremer und ich wurde oft irrtümlich für einen echten Polizisten gehalten. Ich bekomme ab und zu Fanpost mit „dienstlichen" Anliegen. Es ist schon Wahnsinn, wie glaubwürdig wir in der Polizeiserie zum Teil rüber kommen.

War eigentlich Schauspieler von Anfang an Dein Berufswunsch?

Nein. Während der Schulzeit stand für mich fest: nach dem Abitur werde ich Journalist. Tja, dann ist alles anders gekommen (lacht). Und ich bin mit dem, was ich jetzt bin, sehr glücklich und zufrieden.

Ich danke fürs nette Gespräch.

Till Demtrøder ist in den Folgen 36 bis 294 als Polizeihauptmeister Henning Schulz im „Großstadtrevier" zu sehen. Zunächst als Schutzpolizist in grüner Uniform, später als Zivilfahnder. Selten ist er auch in blauer Uniform zu sehen.

Seit 1986 erfolgreich: das „Großstadtrevier"
Von 1995-2009 dabei: Peter Heinrich Brix

Er kam erst spät zur Schauspielerei, spielte sich dann aber als norddeutscher Volksschauspieler in Rollen wie der des Polizisten Lothar Krüger aus dem „Großstadtrevier" schnell in die Herzen der Zuschauer: Peter Heinrich Brix. Am 13. Mai 1955 wurde Brix in Flensburg geboren und wuchs auf dem elterlichen Bauernhof in Angeln (Kreis Schleswig-Flensburg) auf und absolvierte nach der Schulzeit zunächst eine Ausbildung zum staatlich geprüften Landwirt. Nach einem ersten Theaterauftritt im Rahmen eines Feuerwehrfestes fand er Gefallen an der Schauspielerei, spielte an der Niederdeutschen Bühne (NDB) in Flensburg Mundart-Theater. Parallel arbeitete er aber als Landwirt weiter. Ende der 1980er-Jahre machte er die Schauspielerei endgültig zu seinem Beruf und zog von Flensburg nach Hamburg, nahm in der Hansestadt privaten Schauspielunterricht. Im Interview gibt Schauspieler Peter Heinrich Brix, der 14 Jahre als Lothar Krüger im Großstadtrevier war, einige private Details bekannt...

Eine rhetorische Frage gleich zu Beginn: Bereust Du den Schritt von damals, dass Du Deinen Bauernhof hingeschmissen hast?
Nein, ganz im Gegenteil. Ich bin ein zufriedener Mensch, der sich in seinem Beruf und privat richtig wohl fühlt. Ich habe damals genau richtig gehandelt.

Was hat sich denn für Dich seitdem verändert?
Alles. Das gesamte Umfeld, der Freundeskreis, der Arbeitsalltag – es hat sich alles verändert. Ich reise beruflich durch ganz Deutschland, bin sehr viel unterwegs – da bleibt für alte Kumpel von damals nicht viel Zeit. Es sind zwei ganz unterschiedliche Leben für mich.

Vermisst Du das erste Leben nicht ein wenig? Kommt bei dir nicht auch ein wenig Heimweh auf?
Ich wohne seit 1989 in Hamburg und habe mich so richtig eingelebt. Hamburg und Angeln, das Gebiet im Norden Schleswig-Holsteins in dem ich aufgewachsen bin, ist von der Entfernung her nicht so weit auseinander – beides Norddeutschland. Zudem fahre ich öfter am Wochenende nach Angeln.

Ein Drehtag dauert mitunter zehn oder mehr Stunden. So etwas schlaucht doch mit Sicherheit. Wie kompensierst Du das?

Ich bin gern allein. Nach der Arbeit fahre ich viel Fahrrad und gehe spazieren. Dabei kann ich so richtig abschalten. Wenn ich in Angeln bin, gibt es für mich nichts schöneres, als am Knick entlang zu laufen. Und ich hacke gern Holz für meinen Kaminofen – auch dabei kann ich bestens abschalten.

Ob Kommissar Geiger in "Pfarrer Braun" oder Lothar Krüger im Dauerbrenner "Großstadtrevier" – Immer wieder sehen wir Dich als Polizisten im Fernsehen. Bleibt das auch in Zukunft so?

Nach so vielen Jahren Großstadtrevier habe ich den Polizisten Lothar Krüger natürlich auf der Stirn. Ob es auch in Zukunft weitere Rollen als Polizeibeamten gibt, müssen wir mal sehen. Aber mir machen die bisherigen Rollen als Polizisten viel Spaß.

Wie ist das Verhältnis zur "echten" Polizei?

Ich bin in Hamburg bekannt, das kann ich sagen. Werde ich von der Polizei kontrolliert (was selten vorkommt), brauche ich keinen Ausweis vorzuzeigen. Ich habe ein gutes Verhältnis zur Hamburger Polizei. Die Beamten grüßen mich immer sehr nett.

Halten Dich die Leute auf der Straße für einen echten Polizisten?

Das kommt schon mal vor. Neulich fragte mich eine Frau etwas und auf einmal fiel es ihr ein, dass ich kein echter Polizist bin. Sie hat sofort ihre Hand peinlich berührt vors Gesicht gehalten und sich entschuldigt.

Kommst Du eigentlich selbst auch zum Fernsehgucken? Wenn ja, gibt es eine Lieblingsserie / Lieblingsfilm?

Das Problem bei mir: Ich schau kaum eine Serie oder einen Film zuende an. Meist sehe ich analytisch einen Ausschnitt, um zu sehen welcher Schauspielkollege dabei ist. Gern schau ich mir Dokumentationen und politische Sendungen an.

Ich danke Dir fürs Gespräch.

Peter Heinrich Brix ist in den Folgen 85 bis 289 im „Großstadtrevier" als Polizeihauptmeister Lothar Krüger zu sehen.

Maria Ketikidou: „Ich bereue es fast, dass ich kein Uniformträger bin"

Maria Ketikidou – spielt in der Serie die Zivilfahnderin „Harry Möller" – gibt sich in einem Kurzinterview ganz persönlich...

Wie gefallen Dir die blauen Uniformen der Hamburger Polizei?
Ich finde sie super, modisch und einfach chic. Die Beamten tragen die Uniform sehr selbstbewusst. Sie macht jung und schlank.

Seit Februar 2007 tragen auch die Beamten des 14. Reviers blaue Uniformen – Du gehörst nicht dazu…
Leider. Zum ersten Mal bereue ich es fast, dass ich kein Uniformträger bin. Ich spiele eine Zivilpolizistin und kann schon fast sagen, dass ich es sehr schade finde. Das Blau würde mir bestimmt auch gut stehen. (lacht)

Wie wirst Du auf der Straße angesprochen?
Mit Harry. „Da kommt die Harry" – höre ich fast täglich, wenn ich irgendwo auf der Straße erkannt werde. Aber das ist angenehm. Ich finde es schön, wenn man mich erkennt. Ich sehe es als Kompliment an, wenn jemand mich mit meiner Serienrolle anspricht.

Welche persönlichen Erfahrungen hast Du mit „echten" Polizisten gemacht?
Ich bin schon mal als Jugendliche ohne Licht mit dem Fahrrad unterwegs gewesen oder fuhr auch schon mal ein frisiertes Mofa. Da wurde dann der Zeigefinger gehoben und mir war das peinlich. Aber jetzt sind die Polizisten alle sehr freundlich zu mir.

Wie findest Du den neuen Vorspann der Serie „Großstadtrevier"?
Einfach klasse. Er ist wirklich originell gemacht worden. Ich glaube, er kommt bei den Zuschauern sehr gut an. Er ist frischer, schneller und einfach toll anzuhören. Der Text und Melodie sind ja gleich geblieben – die Titelmelodie wurde nur etwas modernisiert. Ich find es echt toll!

Wie oft siehst Du das Großstadtrevier selbst?
Ganz selten, weil ich meist arbeite. Aber in den Dritten Programmen werden ja die älteren Folgen abends wiederholt. Die schau ich mir gelegentlich an.

Was glaubst Du, warum ist das „Großstadtrevier" so erfolgreich?
Sie ist authentisch. Viele unserer Komparsen sind echte Polizisten und geben uns Tipps. So etwas kommt an bei den Zuschauern. Auch die Geschichten sind niveauvoll, witzig und nett gemacht. Wir haben außerdem, denke ich, wirklich gute Drehbuchautoren.

Beschreibe doch bitte einmal einen „normalen" Drehtag im Revier.
Wir beginnen meist früh morgens. Die Techniker, Beleuchter und alle anderen Crew-Mitglieder bauen auf. Schon beim Eintreffen weiterer Schauspielkollegen beginnt es, am Set spaßig und lustig zu werden. Wir haben alle zusammen wirklich viel Spaß an den Drehtagen. Natürlich ist es harte Arbeit, seine Texte zu lernen und dann vor der Kamera vorzutragen – mit so einem lockeren und tollem Team ist das aber einfach klasse.

Nun dreht ihr ja nicht nur in der Wache in Hamburg-Bahrenfeld, sondern in ganz Hamburg verstreut. Gibt es einen Lieblingsplatz?
Ich finde den gesamten Hamburger Hafen einfach super. Oft sind wir an den Landungsbrücken oder in der Speicherstadt zugange. Da gefällt es mir am

schönsten. Aber Hamburg hat so viele tolle Plätze und ich bin wirklich froh, dass ich in meinem Beruf so viel zu sehen bekomme. Ich kann wirklich sagen: ganz Hamburg finde ich schön! Wir kommen nahezu in jeden Stadtteil, fast in jede Ecke Hamburgs. Das ist wirklich toll.

Ihr dreht derzeit 16 neue Folgen. Wie viele Drehtage sind das in etwa?
Das sind insgesamt mehr als 150 Drehtage. Allerdings habe ich natürlich nicht so viele – für uns Hauptdarsteller verteilt es sich je nach Drehbuch anders. So bin ich zum Beispiel nicht bei allen Innenaufnahmen im Revier dabei. Fürs Team sieht es anders aus: die haben 150 Drehtage tagein und tagaus. Appropos Team: Film bedeutet Team- und Zusammenarbeit. Das liebe ich besonders an meinem Job.

Sophie Moser als Polizeischülerin Nicole Beck: „Jede Menge Wirbel im 14. Revier"

In den Folgen 245 bis 326 (Staffel 21 bis 25) taucht Darstellerin Sophie Moser als Polizeischülerin Nicole Beck im „Großstadtrevier" auf und macht im Rahmen ihrer Ausbildung zunächst ein Praktikum auf der Hamburger Wache 14. Die zu den Dreharbeiten in den Jahren 2006 bis 2011 Anfang 20-jährige Schauspielerin Sophie Moser machte nicht nur als Darstellerin einen Namen, sondern begeisterte auch als Violinistin zahlreiche Menschen. In der Folge „Der Straßenmusikant" (Episode 259) wird ihr musikalisches Talent sogar thematisiert. Bei einem Pressetermin in Hamburg hatte der Autor die Möglichkeit, ein kurzes Gespräch mit Sophie Moser zu führen.

Sophie, Du spielst in der Serie „Großstadtrevier" eine junge Polizeischülerin. Beschreib doch einmal die Rolle der Nicole Beck.

Nicole? Das sagt so gut wie niemand von den Kollegen! Alle nennen sie Nicki (lacht). Nicki macht im Rahmen ihrer Ausbildung das so genannte Praktikumsjahr auf dem 14. Revier und mischt dieses erst mal auf. Sie hat noch keine Erfahrungen im praktischen Polizeialltag – wird aber von den Kollegen und insbesondere von Lothar Krüger in den Alltag integriert. Ihre neuen Situationen meistert Nicki souverän, schießt aber durch ihre selbstsichere Art manches Mal übers Ziel hinaus. Mit ihrer Art sorgt sie immer wieder für jede Menge Wirbel im 14. Revier.

Steckt auch etwas von Polizistin „Nicki" in der Person Sophie Moser?

Klar. Nicki ist – genauso wie ich – sehr kommunikativ und vor allem weltoffen. Außerdem interessiert sie sich für andere Menschen und fremden Kulturen. Nicki ist außerdem eine sehr spontane und menschliche Person. Also Polizistin Nicki hat eine ganze Menge von mir, das kann ich schon sagen.

In einer Sache gibt es allerdings einen großen Unterschied: Ich bin eher ein überlegter Mensch. Nicki macht sich nicht immer tausend Gedanken um alles und jeden, sondern handelt meist aus dem Bauch heraus. Es gibt Momente, in denen ich mir wünsche, ich hätte diese Art von ihr. Vielleicht wird es ja noch was (lacht).

Du bist fürs „Großstadtrevier" extra aus Nordrhein-Westfalen nach Hamburg gezogen. Wie gefällt Dir die Hansestadt?

Mir gefällt Hamburg unglaublich gut. Ich lebe sehr gern hier. Im Schanzenviertel habe ich eine gemütliche Wohnung gefunden. Aber die Wohnungssuche war wirklich schwierig. Als ich auf mein Musikinstrument hingewiesen habe, wollte mich zuerst keiner der Vermieter im Haus haben. Aber dann hatte ich Glück: in meiner jetzigen Wohnung kann ich ungestört auf der Violine spielen und üben. Bisher kamen keine Beschwerden (lacht).

So ein Drehtag schlaucht ja doch ziemlich und ist anstrengend. Wie gleichst Du das nach Feierabend aus?
Es gibt Drehtage, die tatsächlich anstrengend und vor allem lang sein können. In meiner Freizeit gehe ich einmal in der Woche zum Tanzunterricht. Das ist ein sehr guter Ausgleich – früher habe ich fünf Jahre lang Leistungsschwimmen gemacht.

Wie hast du dich auf die Rolle der Polizistin Nicki Beck vorbereitet?
Von der Polizei Hamburg bekommen wir Angebote mitzufahren und den „echten" Streifenpolizisten über die Schulter zu schauen. Und wir können auch an einem Schießunterricht beziehungsweise an einem Training, wie man mit der Waffe richtig umgeht, teilnehmen.

Wolltest Du vor deiner Karriere als Schauspielerin Polizistin werden?
Ich habe mich eigentlich immer für Gesetze und Jura interessiert. Und mir macht es auch riesig Spaß, hier in der Serie eine Uniform zu tragen. Aber ob ich als Polizistin arbeiten würde oder wollte, glaube ich eher nicht...

Sophie Moser ist im „Großstadtrevier" als Polizeimeisterin Nicole „Nicki" Beck in den Folgen 245 bis 326 zu sehen.

Die Interviews mit Maria Ketikidou, Sophie Moser, Peter Heinrich Brix und Till Demtrøder wurden in verschiedenen Jahren während der Dreharbeiten zu unterschiedlichen Folgen des „Großstadtreviers" geführt. Sie spiegeln die damalige Situation wieder und wurden nicht aktuell anlässlich dieses Buches zum Thema „30 Jahre Großstadtrevier" geführt.

Episodenliste von 1986 bis 2016

Die folgende Liste aller bisher ausgestrahlten Großstadtrevier-Episoden enthält alle Folgen der deutschen Fernsehserie „Großstadtrevier" – sortiert nach der deutschen Erstausstrahlung. Nachfolgend ist jeweils die Gesamtnummer, die Staffelnummer, der Folgentitel und das Datum der Erstausstrahlung aufgelistet.

Seit 1994 ist Maria Ketikidou als Harry Möller dabei. Hier zeigt sie stolz die Filmklappe zum Start der 30. Staffel der Serie „Großstadtrevier".

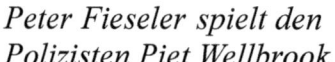

Peter Fieseler spielt den Polizisten Piet Wellbrook.

Nr.	Nr.	Originaltitel	Erstausstrahlung
1	1	Mensch, der Bulle ist 'ne Frau	16. Dezember 1986
2	2	Speedy	23. Dezember 1986
3	3	Prosit Neujahr	30. Dezember 1986
4	4	Amamos & Consorten	6. Januar 1987
5	5	Der Champ	13. Januar 1987
6	6	Fahrerflucht	20. Januar 1987
Staffel 2			
7	1	Rote Karte für Thomas?	27. Januar 1987
8	2	Feine Gesellschaft	3. Februar 1987
9	3	Große Haie, kleine Fische	10. Februar 1987
10	4	Geleimt	17. Februar 1987
11	5	Robin Hood	24. Februar 1987
12	6	Fotos aus Ibiza	3. März 1987
Staffel 3			
13	1	Das Tagebuch	10. März 1987

Nr.	Nr.	Originaltitel	Erstausstrahlung
14	2	Kälteeinbruch	19. Dezember 1988
15	3	Ein ganz normaler Tag	2. Januar 1989
16	4	Zielschuss rot	9. Januar 1989
17	5	Eine neue Kollegin	16. Januar 1989
18	6	Eine böse Überraschung	23. Januar 1989
19	7	Dame in Not	30. Januar 1989
20	8	Geiselnahme	6. Febraur 1989
Staffel 4			
21	1	Katzenjani	2. Januar 1991
22	2	Der verlorene Sohn	3. Januar 1991
23	3	Sunny Boy	10. Januar 1991
24	4	Tod auf Raten	17. Januar 1991
25	5	Sonntagsfrühstück	24. Januar 1991
26	6	Lügenbarone	31. Januar 1991
27	7	Der Reporter	7. Febrau 1991
Staffel 5			
29	1	Das schwarze Schaf	21. Februar 1991
30	2	Der Blumenhändler	28. Februar 1991
31	3	Treffpunkt Kino	7. März 1991
32	4	Gelegenheit macht Diebe	14. März 1991
33	5	Altes Eisen	21. März 1991
34	6	Lauter ehrenwerte Leute	28. März 1991
35	7	Menschlich, allzu menschlich	4. April 1991
36	8	Fährmann hol' röver	11. April 1991
Staffel 6			
37	1	Der Neue	6. Oktober 1992
38	2	Schutzgeld	13. Oktober 1992
39	3	Tierfreunde	20. Oktober 1992
40	4	Die lieben Alten	27. Oktober 1992
41	5	Auf Gift gebaut	3. November 1992
42	6	Revanche	10. November 1992
43	7	Vereinskameraden	17. November 1992
44	8	Kur- und andere Schatten	24. November 1992
45	9	Lebensretter	1. Dezember 1992
46	10	Tür an Tür	8. Dezember 1992
47	11	Mitgegangen, mitgefangen	15. Dezember 1992
48	12	Der Flußpirat	22. Dezember 1992

Nr.	Nr.	Originaltitel	Erstausstrahlung
Staffel 7			
49	1	Der Besuch	26. Oktober 1993
50	2	Frühlingsgefühle	2. November 1993
51	3	Brüderchen	9. November 1993
52	4	Späte Reue	16. November 1993
53	5	Radrennen	23. November 1993
54	6	Pferdediebe	30. November 1993
55	7	Zapfenstreich	7. Dezember 1993
56	8	Bodo	14. Dezember 1993
57	9	Oh, du fröhliche	21. Dezember 1993
58	10	Türkisches Poker	28. Dezember 1993
59	11	Ein Hundstag	4. Januar 1994
60	12	Ellens Baby	11. Januar 1994
Staffel 8			
61	1	Ellens Abschied (1)	18. Januar 1994
62	2	Ellens Abschied (2)	25. Januar 1994
63	3	Der erste Tag	1. Februar 1994
64	4	Kein Tag wie jeder andere	8. Februar 1994
65	5	Karaoke	15. Februar 1994
66	6	Frühdienst	22. Februar 1994
67	7	Manege frei	1. März 1994
68	8	Die großen Ferien	8. März 1994
69	9	Kopfgeld	15. März 1994
70	10	Wer zuletzt lacht	22. März 1994

Dirk Matthies (Jan Fedder) an seinem Schreibtisch im PK 14.

Nr.	Nr.	Originaltitel	Erstausstrahlung
71	11	Schutzengel	29. März 1994
72	12	Body-Check	5. April 1994

Staffel 9

Nr.	Nr.	Originaltitel	Erstausstrahlung
73	1	Des Sängers Hund	10. Januar 1995
74	2	Die Uhr des Lebens	17. Januar 1995
75	3	Schwedische Gardinen	24. Januar 1995
76	4	Crashkids	31. Januar 1995
77	5	Heidehonig	7. Februar 1995
78	6	Die Geldgräber	14. Februar 1995
79	7	Ihr Mörder, gnädige Frau	21. Februar 1995
80	8	Die heiligen drei Königinnen	28. Februar 1995
81	9	Der Rächer	7. März 1995
82	10	Die Mörderin	14. März 1995
83	11	Karambolage	21. März 1995
84	12	Langfinger	28. März 1995
85	13	Der Funkspruch	4. April 1995

Staffel 10

Nr.	Nr.	Originaltitel	Erstausstrahlung
86	1	Wühlmäuse	26. November 1996
87	2	Der blonde Engel	3. Dezember 1996
88	3	Der Ex-Freund	10. Dezember 1996
89	4	Gute Nachbarschaft	17. Dezember 1996
90	5	Ein neuer Kollege	7. Januar 1997
91	6	Das zweite Gesicht	14. Januar 1997
92	7	Der Praktikant	21. Januar 1997
93	8	Verliebt im Einsatz	28. Januar 1997
94	9	Plattgemacht	4. Februar 1997
95	10	Jens, 7 Jahre	11. Februar 1997
96	11	Aus lauter Liebe	18. Februar 1997
97	12	Nervenkrieg	25. Februar 1997
98	13	Das Stuntgirl	4. März 1997

Staffel 11

Nr.	Nr.	Originaltitel	Erstausstrahlung
99	1	Die Suchmeldung	11. März 1997
100	2	Die Aufsteiger	18. März 1997
101	3	Trotz allem	23. März 1997
102	4	Der Mann mit der Maske	1. April 1997
103	5	Der Zeuge	8. April 1997
104	6	Die Freundin	15. April 1997

Nr.	Nr.	Originaltitel	Erstausstrahlung
105	7	Mit einem Bein im Knast	22. April 1997
106	8	Nadja	29. April 1997
107	9	Der G-Man	6. Mai 1997
108	10	Brennende Probleme	13. Mai 1997
109	11	Only you	20. Mai 1997
110	12	Durchgeknallt	27. Mai 1997
111	13	Lug und Trug	3. Juni 1997

Staffel 12

Nr.	Nr.	Originaltitel	Erstausstrahlung
112	1	Besuch von außerhalb	11. August 1998
113	2	Papilein	18. August 1998
114	3	Sonntagsdienst	25. August 1998
115	4	Alles wird gut	1. September 1998
116	5	Der Verdacht	8. September 1998
117	6	Einsatz mit Geschmack	15. September 1998
118	7	Fehlschuss	22. September 1998
119	8	Der alte Kapitän	29. September 1998
120	9	Feiglinge	6. Oktober 1998
121	10	Faule Eier	13. Oktober 1998
122	11	Ermessensfrage	20. Oktober 1998
123	12	Der Koffer	6. Januar 1999
124	13	Tanjas Entscheidung	27. Oktober 1998

Staffel 13

Nr.	Nr.	Originaltitel	Erstausstrahlung
125	1	Aller Anfang ist schwer	25. Mär. 1999
126	2	Unter einem Dach	1. Apr. 1999
127	3	Leere Versprechungen	8. Apr. 1999
128	4	Hecht oder Brasse	15. Apr. 1999
129	5	Abrakadabra	22. Apr. 1999
130	6	Angst	29. Apr. 1999
131	7	Harte Bandagen	6. Mai 1999
132	8	Der Spinner	20. Mai 1999
133	9	Volles Risiko	27. Mai 1999
134	10	Auf Abwegen	10. Juni 1999
135	11	Diamantenfieber	17. Juni 1999
136	12	Racheengel	24. Juni 1999
137	13	Zeugen	1. Juli 1999

Staffel 14

Nr.	Nr.	Originaltitel	Erstausstrahlung
138	1	Nach langer Zeit	7. März 2000

Nr.	Nr.	Originaltitel	Erstausstrahlung
139	2	Miss Marple	14. März 2000
140	3	Engelchen	21. März 2000
141	4	Gefährlicher Verdacht	28. März 2000
142	5	Heimspiel	4. April 2000
143	6	Der weiße Ritter	11. April 2000
144	7	Der schwarze Sheriff	18. April 2000
145	8	Tote leben länger	25. April 2000
146	9	Verlorene Tochter	2. Mai 2000
147	10	Glaubenssache	9. Mai 2000
148	11	Girlie Gang	16. Mai 2000
149	12	Die Stunde der Frauen	23. Mai 2000
150	13	Der Partner	30. Mai 2000
Staffel 15			
151	1	Amok	24. April 2001
152	2	Der süße Betrug	8. Mai 2001
153	3	Harte Schule	15. Mai 2001
154	4	Die große Bugwelle	22. Mai 2001
155	5	Krügers Waffe	29. Mai 2001
156	6	Künstlerpech	5. Juni 2001
157	7	Klau am Bau	27. November 2001
158	8	Nachtgestalten	11. Dezember 2001
159	9	Rache für Eva	18. Dezember 2001
160	10	Nichts als die Wahrheit	7. Januar 2002
161	11	Maria	14. Januar 2002
162	12	Verdammtes Glück	21. Januar 2002
163	13	Nichts geht mehr	28. Januar 2002
Staffel 16			
164	1	Das Findelkind	4. Februar 2002
165	2	Vaterliebe	11. Februar 2002
166	3	Die Jagd nach dem Glück	18. Februar 2002
167	4	Johnny	25. Februar 2002
168	5	Die schöne Frau Kückelmann	4. März 2002
169	6	Kleiner Mann, was nun?	11. März 2002
170	7	Erste Hilfe	18. März 2002
171	8	Mäuse und Menschen	25. März 2002
172	9	Königskinder	8. April 2002
173	10	Harrys Fall	15. April 2002

Nr.	Nr.	Originaltitel	Erstausstrahlung
174	11	Mutproben	22. April 2002
175	12	Rosenkrieger	29. April 2002
176	13	Das wahre Ich	6. Mai 2002
Staffel 17			
177	1	Blinder Eifer	13. Januar 2003
178	2	Revierkämpfe	20. Januar 2003
179	3	Ein Tag wie jeder andere	27. Januar 2003
180	4	Landpartie	3. Februar 2003
181	5	Große Freiheit	10. Februar 2003
182	6	Armer Junge	17. Februar 2003
183	7	Auf der Lauer	24. Februar 2003
184	8	Auf schmalem Grat	3. März 2003
185	9	Motorrad-Gottesdienst	10. März 2003
186	10	Der große Knall	17. März 2003
187	11	Tapetenwechsel	24. März 2003
188	12	Plagegeister	31. März 2003
189	13	Heiße Tonne	7. April 2003
190	14	Tod einer alten Dame	14. April 2003
191	15	Das Leben ist schön	28. April 2003
192	16	Ultimo	5. Mai 2003
Staffel 18			
193	1	Feuertaufe	5. Januar 2004
194	2	Eiskalt erwischt	12. Januar 2004
195	3	Gelegenheit macht Liebe	19. Januar 2004
196	4	Videomann	26. Januar 2004
197	5	Satisfaction	2. Februar 2004
198	6	Schmalspur	9. Februar 2004
199	7	Tote Liebe	16. Februar 2004
200	8	Fremde Mächte	23. Februar 2004
201	9	Alte Liebe	1. März 2004
202	10	Pillendreher	8. März 2004
203	11	Jagd auf Selay	15. März 2004
204	12	Barkassenkrieg	22. März 2004
205	13	Zartbitter	29. März 2004
206	14	Urlaubsfreuden	5. April 2004
207	15	Traumtänzer	19. April 2004
208	16	Fremdgänger	26. April 2004
220			

Das nachgebaute PK 14 in Hamburg-Bahrenfeld. Hier entstehen die Innenaufnahmen.

Nr.	Nr.	Originaltitel	Erstausstrahlung
Staffel 19			
209	1	Die Geister, die ich rief	17. Januar 2005
210	2	Fette Beute	24. Januar 2005
211	3	Einsame Helden	31. Januar 2005
212	4	Blackout	7. Februar 2005
213	5	Blind Date	14. Februar 2005
214	6	Der Hafenpastor	21. Febuar 2005
215	7	50 Minuten	28. Febuar 2005
216	8	Kalte Tage	7. März 2005
217	9	Der doppelte Matthies	14. März 2005
218	10	Süßes Jenseits	21. März 2005
219	11	Voss in Nöten	4. April 2005
220	12	Liebe, Lust und Leidenschaft	11. April 2005
221	13	Bullen-Kür	18. April 2005
222	14	Affenliebe	25. April 2005
223	15	Nur geträumt	2. Mai 2005
224	16	Kaltes Kind	9. Mai 2005
Staffel 20			
225	1	Abgründe	16. Januar 2006
226	2	Gute Kinder, böse Kinder	23. Januar 2006
227	3	Terror-Tammy	30. Januar 2006
228	4	Die große Chance	6. Februar 2006
229	5	Fundsachen	27. Februar 2006
230	6	Zurück auf Los	6. März 2006
231	7	Spiel mit der Angst	13. März 2006
232	8	Under Cover	20. März 2006
233	9	Kindersegen	27. März 2006
234	10	Rampensau	3. April 2006

Nr.	Nr.	Originaltitel	Erstausstrahlung
235	11	Wahre Liebe	10. April 2006
236	12	Der Sheriff von Cranz	24. April 2006
237	13	Junge Liebe, alter Wein	8. Mai 2006
238	14	Der Boxer	15. Mai 2006
239	15	Fenstergespenster	22. Mai 2006
240	16	Eine Sache des Vertrauens	29. Mai 2006

Staffel 21

Nr.	Nr.	Originaltitel	Erstausstrahlung
241	1	Tage wie dieser (1)	26. Februar 2007
242	2	Tage wie dieser (2)	5. März 2007
243	3	Chefsache	12. März 2007
244	4	Hallo Chef	19. März 2007
245	5	Von Monstern und Mördern	26. März 2007
246	6	Gefallene Engel	2. April 2007
247	7	Rufmord	16. April 2007
248	8	Unter falschen Segeln	23. April 2007
249	9	Der Engel von St. Pauli	30. April 2007
250	10	Kinder, Kinder	7. Mai 2007
251	11	Wenn die Worte fehlen	21. Mai 2007
252	12	Alles im Griff	4. Juni 2007
253	13	Und bist du nicht willig …	11. Juni 2007
254	14	Hamburger Helden	18. Juni 2007
255	15	Nur wegen Dir	25. Juni 2007
256	16	Gefahren der Liebe	2. Juli 2007

Staffel 22

Nr.	Nr.	Originaltitel	Erstausstrahlung
257	1	St. Pauli rettet HSV	31. März 2008
258	2	Das Geheimnis des Hafenpastors	7. April 2008
259	3	Der Straßenmusikant	14. April 2008
260	4	Neben der Spur	21. April 2008
261	5	Katjas Job	28. April 2008
262	6	Von Träumen und Schiffen	5. Mai 2008
263	7	Das Erfolgsgeheimnis	19. Mai 2008
264	8	Schatten der Vergangenheit	26. Mai 2008
265	9	Al dente	2. Juni 2008
266	10	Nichts als Lügen	23. Juni 2008
267	11	Morgendliche Begleitung	30. Juni 2008
268	12	Der Unberührbare	7. Juli 2008
269	13	Prüfungen	14. Juli 2008

Nr.	Nr.	Originaltitel	Erstausstrahlung
270	14	Leben kommt, Leben geht	21. Juli 2008
271	15	Drei Tage	28. Juli 2008
272	16	Zukunftspläne	4. August 2008
–	–	Die Akte „Großstadtrevier" – Neues aus dem Großstadtrevier (Spezial mit Jan Fedder und Saskia Fischer)	23. Dezember 2008

Staffel 23

Nr.	Nr.	Originaltitel	Erstausstrahlung
273	1	Ungeschriebene Gesetze	21. September 2009
274	2	Heikle Mission	28. September 2009
275	3	Herzenssachen	5. Oktober 2009
276	4	Vermisst	12. Oktober 2009
277	5	Alle für einen	19. Oktober 2009
278	6	Ausgebrannt	26. Oktober 2009
279	7	Nicht mit mir	2. November 2009
280	8	Auf große Fahrt	16. November 2009
281	9	Echt falsch	23. November 2009
282	10	Hafenpastor	30. November 2009
283	11	Comeback für Maria	7. Dezember 2009
284	12	Trinkgeld	14. Dezember 2009
285	13	Ein neuer Anfang	21. Dezember 2009
286	14	Muttertag	4. Januar 2010
287	15	Liebe macht blind	11. Januar 2010
288	16	Im Zeichen des Zweifels	18. Januar 2010
289	17	Bretter, die die Welt bedeuten	25. Januar 2010
290	18	Annas Einsatz Dirk	1. Februar 2010
291	19	Landpartie – Landfrieden	8. Februar. 2010
292	20	Von Männern und Musen	22. Februar 2010
293	21	Das Angebot des Tages	1. Mäz. 2010
294	22	Hilfe hat kein Warum	8. März 2010

Die Polizisten Dirk Matthies (Jan Fedder) und Ellen Wegener (Mareike Carrière).

Beliebte Filmkulisse fürs Großstadtrevier: die Fleeten und Kanäle.

Nr.	Nr.	Originaltitel	Erstausstrahlung
Staffel 24			
295	1	Dumm gelaufen	22. November 2010
296	2	Der Bluff des alten Li	29. November 2010
297	3	Knochenbrecher	6. Dezember 2010
298	4	Jimmy Heinrich war ein Seemann	13. Dezember 2010
299	5	Liebeslügen	20. Dezember 2010
300	6	5 nach 12	10. Januar 2011
301	7	Home Sweet Home	17. Januar 2011
302	8	Freifahrt	31. Januar 2011
303	9	Die Warnung	7. Februar 2011
304	10	Katzenjammer	14. Februar 2011
305	11	Hamburg – Paris und zurück	21. Februar 2011
306	12	Peanuts	28. Februar 2011
307	13	Diebe in der Nacht	7. März 2011
308	14	Zack, zack!	14. März 2011
309	15	Große Erwartungen	21. März 2011
Staffel 25			
310	1	Sturköppe	24. Oktober 2011
311	2	Der schönste Tag im Leben	31. Oktober 2011
312	3	Vertauscht	7. November 2011
313	4	Nur das Beste	14. November 2011
314	5	Klassentreffen	21. November 2011
315	6	Die Freibeuterin	28. November 2011
316	7	Die Versuchung	5. Dezember 2011
317	8	Frohe Weihnachten, Dirk Matthies (1)	12. Dez. 2011
318	9	Frohe Weihnachten, Dirk Matthies (2)	19. Dez. 2011
319	10	Wann hast Du Zeit für die Liebe?	2. Januar 2012
320	11	Neues Ich	9. Januar 2012
321	12	Schein und Sein	16. Januar 2012
322	13	Herr Zipperer guckt ins Leere	23. Januar 2012
323	14	Große Wünsche, kleine Träume	30. Januar 2012
324	15	Fahrraddiebe	6. Februar 2012
325	16	Mit Pfand und Siegel	13. Feb. 2012
326	17	Wunderbare Zukunft	20. Feb. 2012
Staffel 26			
327	1	Was Altes, was Neues und was Blaues	12. Nov. 2012

Nr.	Nr.	Originaltitel	Erstausstrahlung
328	2	Butter bei die Fische	19. November 2012
329	3	Monster	26. November 2012
330	4	Schiff ohne Zukunft	4. Dez. 2012
331	5	Mit dem Rücken zur Wand	10. Dez. 2012
332	6	Dirk und die Kammer des Schreckens	17. Dez. 2012
333	7	Fracht aus Abidjan	7. Januar 2013
334	8	Pretty Woman	14. Januar 2013
335	9	Unter Mädchen	21. Januar 2013
336	10	Swingtime	28. Januar 2013
337	11	Von einer Sekunde auf die andere	4. Februar 2013
338	12	Tödliches Rampenlicht	18. Feb. 2013
339	13	Arbeit jeder Art	25. Feb. 2013
340	14	Großer Bruder –	4. März 2013
341	15	Durch dick und dünn	11. März 2013
342	16	Wer einmal zahlt, zahlt immer	18. März 2013

Staffel 27

343	1	Der zweite Mann	25. November 2013
344	2	Das Phantom	2. Dezember 2013
345	3	Beatlemania	9. Dezember 2013
346	4	Verschollen im Paradies	30. Dezember 2013
347	5	Keine Angst	6. Januar 2014
348	6	Gras drüber	13. Januar 2014
349	7	Fettbacke	20. Januar 2014
350	8	Blinde Wut	27. Januar 2014
351	9	Heile Welt	3. Februar 2014
352	10	Vorbei ist Vorbei	10. Februar 2014
353	11	Am Abgrund	24. Februar 2014
354	12	Auf den Barrikaden	3. März 2014
355	13	Der Fluch des Pharao	10. März 2014
356	14	Ein Schlag ins Gesicht	17. März 2014
357	15	Frau Küppers' letzter Wille	24. März 2014
358	16	Wie es damals wirklich war	31. März 2014

Staffel 28

359	1	Der gute Bulle (1)	24. November 2014
360	2	Der gute Bulle (2)	1. Dezember 2014
361	3	Ninas Rennen	8. Dezember 2014
362	4	Die kleine Polizistin	15. Dezember 2014

Nr.	Nr.	Originaltitel	Erstausstrahlung
363	5	Pauls Versuchung	5. Januar 2015
364	6	Ein Mann ein Wort	12. Januar 2015
365	7	Der Kronzeuge	19. Januar 2015
366	8	Zwei Halunken	26. Januar 2015
367	9	Foul	2. Februar 2015
368	10	Teufelsbrück	9. Februar 2015
369	11	Kameraden	16. Februar 2015
370	12	Schwarze Löcher	23. Februar 2015
371	13	Amali heißt Hoffnung	2. März 2015
372	14	Wiedersehen mit einer Toten	9. März 2015
373	15	Hals über Kopf	16. März 2015
374	16	Wer du wirklich bist	23. März 2015
Staffel 29			
375	1	Das Licht	30. November 2015
376	2	Geborene Verlierer	7. Dezember 2015
377	3	Die Heidekönigin	14. Dezember 2015
378	4	Der Anschlag	21. Dezember 2015
379	5	Jetzt oder nie	4. Januar 2016
380	6	Fauler Zauber	11. Januar 2016
381	7	Bombenalarm	18. Januar 2016
382	8	Mads' Entscheidung	25. Januar 2016
383	9	Der Amisch	1. Februar 2016
384	10	Mondsüchtig	8. Februar 2016
385	11	Harrys Angst	15. Februar 2016
386	12	Glück im Spiel	22. Februar 2016
387	13	Showdown im Revier 2	9. Februar 2016
388	14	Rabenmutter	7. März 2016
389	15	Herr Müller hat gesagt …	14. März 2016
390	16	Offene Rechnungen	21. März 2016

Die Polizisten aus dem Großstadtrevier: Harry Möller (Maria Ketikidou), Henning Schulz (Till Demtrøder) und Katja Metz (Anja Nejarri).

Quellenangaben

Alle Angaben über die Fernsehserie „Großstadtrevier" beruhen auf Recherchen des Autors. Allgemeine Angaben (Inhalte einzelner Folgen, Informationen über die Darsteller und ihren Rollen,...) stammen von Pressemitteilungen des Norddeutschen Rundfunks und Studio Hamburg Produktion GmbH beziehungsweise Letterbox Film Produktion GmbH. Vielen Dank für die Bereitstellung dieser Informationen.
Individuelle Unterstützung wurde weder von der Redaktion noch der Pressestelle des NDR geleistet. Auf gezielte Fragen zur Serie „Großstadtrevier" wurde teilweise nicht einmal geantwortet. Angaben über genaue Drehorte beruhen auf alleinige Recherchen des Autors. Das Buch erhebt keinen Anspruch auf Vollständigkeit (die Serie wird schließlich noch gedreht, somit kann dieses Buch nicht abschließend sein). Alle Fotos dieses Buches sind von Matthias Röhe. Sie enstanden vorwiegend am Set des „Großstadtreviers" in den Jahren 2004 bis 2016 bei speziellen Fototerminen zu dieser Polizeiserie. In jedem Falle entstanden alle Fotos bei öffentlichen Fototerminen. Leider wurde dieses Buch nicht mit älterem Bildmaterial aus den ersten Staffeln seitens der ausstrahlenden Sendeanstalt noch durch die Produktionsfirma unterstützt.

Bei diesem Buch handelt es sich nicht um ein offizielles Produkt der Serie „Großstadtrevier". Es wurde im Eigenverlag von Matthias Röhe geschrieben und produziert. Der Autor steht in keinem direkten Kontakt zur Produktion der Serie! Kritik (bezogen auf den Inhalt der Serie), Autogrammwünsche oder Vermittlungen als Komparse richten Sie bitte direkt an die Redaktion beziehungsweise Produktion.

Über den Autor: Matthias Röhe arbeitet als Redakteur und Pressefotograf in Hamburg. Er beliefert regionale und lokale Tages- und Wochenzeitungen, sowie bundesweit erscheinende Zeitschriften und Illustrierte mit Text- und Fotomaterial. Zudem gibt er die Monatszeitung „Hamburger Allgemeine Rundschau" heraus. Den Schwerpunkt hat Matthias Röhe auf die Prominentenschiene gelegt. Fast täglich ist der Fotograf auf Presseterminen in Schleswig-Holstein, Niedersachsen, Mecklenburg-Vorpommern, Hamburg und Umgebung unterwegs und fotografiert Veranstaltungen, Filmpremieren, Geschäftseröffnungen und Abendgalas. Zudem hält er sich stundenlang in diversen Pressegräben auf und verweilt in absperrten Pressebereichen („Fotografen-Käfige") am Roten Teppich: Immer auf der Lauer nach Promis. Setbesuche stehen ebenfalls an, so dass stetig neue Fotos von aktuellen Dreharbeiten dazu kommen. Einen weiteren Schwerpunkt bildet die Fahrzeugfotografie. In seinem Repertoire befinden sich etwa 14.000 Bilder von etwa 4.500 verschiedenen Übertragungswagen aus ganz Deutschland und dem europäischen Ausland. Auch die Rubrik Funkhäuser (von Radio- und Fernsehsendern) bildet einen Schwerpunkt seines Fotoarchivs. Abgerundet wird das Archiv mit Fotos prominenter Grabstätten.

Matthias Röhe besucht regelmäßig Friedhöfe in ganz Deutschland und fotografiert bundesweit Grabstätten von prominenten Persönlichkeiten. Er ist Inhaber der Firma FoTe-Press – einem Foto- und Text-Dienstleistungsunternehmen in Hamburg. Die Firmenhomepage ist abrufbar unter www.FoTe-Press.de.

Jetzt haben Sie es, liebe Leser, fast geschafft: Dies ist die letzte Seite des Buches „30 Jahre – die Kultbullen aus Hamburg". Ich hoffe, Sie empfanden die Auswahl an Fotos als gut gemischt, die Rubik „Filmfehler" amüsant und die Angaben der Drehorte interessant.

Falls ja freue ich mich, wenn Sie auch die auf den folgenden Seiten vorgestellten Bücher erwerben. Auch sie enthalten viele Hintergrundinformationen zu den Serien „Notruf Hafenkante" und „Der Landarzt". Empfehlenswert ist aber auch der „Komparsenguide – So komme ich ins Fernsehen". Auch mit diesen Produkten wünsche ich Ihnen viel Vergnügen.

Ihr
Matthias Röhe
Dezember 2016

Weitere Produkte des Herausgebers
„Wohnhäuser der Promis"

Wer möchte nicht gerne wissen, wo sein Lieblingsmoderator oder Schauspieler wohnt. Zu Lebzeiten ist eine Veröffentlichung der Wohnanschriften aus Daten- und Persönlichkeitsrechten nicht erlaubt – es sei denn, der Promi möchte, dass die Fans wissen, wo das Zuhause ist. In den meisten Fällen vermeiden prominente Persönlichkeiten allerdings, dass die Adressen an die Öffentlichkeit gelangen, damit Fans nicht irgendwann vor dem Hauseingang herum lungern.

Leider gibt es aber auch Todesfälle zu beklagen. Im März 2016 starb Sänger Roger Cicero plötzlich und unerwartet. Im August 2007 verstarb Schauspielerin Evelyn Hamann – um zwei Beispiele zu nennen. In Gedenken ihrer großartigen Leistung möchten viele Fans wissen, wo diese beiden Protagonisten lebten. Hatte Evelyn Hamann (sie wohnte in Hamburg) ein Einfamilienhaus? Wohnte sie an der Elbe, Alster oder doch in der Nähe der Bille? Die Antwort gibt es in dem 240seitigen Buch "Wohnhäuser der Promis" von Tobi Thomsen. In 206 Kurzbiografien stellt der Buchautor Persönlichkeiten aus Politik, Musik, Rundfunk, Unterhaltung und Sport vor und gibt die ehemaligen Wohnanschriften bekannt. Der Leser sieht eine Außenansicht der Gebäude. Außerdem erfährt der Leser den Ort der jeweils "letzten Wohnstätte": der Grabstätte.

Etwa 82 Millionen Menschen leben in Deutschland, darunter etwa 10.000 prominente Persönlichkeiten. Einige sorgen als TV-Moderator für gute Laune, verkünden als Sprecher Nachrichten, moderieren Radiosendungen, holen Titel in verschiedenen Sportarten nach Deutschland oder prägen beispielsweise als Architekten die Stadtbilder. Nicht zu vergessen Politiker, die in Deutschland die politische Richtung vorgeben und das Land regieren. Mit seinen 16 Bundesländern und 295 Landkreisen bietet Deutschland wunderschöne Plätze, sich häuslich niederzulassen.

In einer Auswahl von 206 Kurzbiografien werden in dem Buch „Wohnhäuser der Promis" interessante Persönlichkeiten vorgestellt, die in Deutschland ihre einstigen Wohn- und Wirkungsstätten hatten. Von Schauspieler Hans Albers über Witta Pohl, Roger Cicero, Helmut Schmidt, Gerda Gmelin, Sängerin Alexandra, Götz George, Günter Pfitzmann, Joachim Fuchsberger, Max Greger, Beate Uhse, Hellmuth Karasek, Vadim Glowna, Otto Sander, Evelyn Hamann, Helmut Schmidt, Willy Brandt bis zu TV-Journalist Peter von Zahn. Das Buch führt den Leser kreuz und quer durch Städte Deutschlands: von Glücksburg im Norden bis Grünwald im Süden, sowie Berlin im Osten und Köln im Westen des Landes. Das Buch soll an die 206 ausgewählten Persönlichkeiten erinnern. Sie haben etwas für Deutschland getan – direkt und indirekt – mit diesem Buch soll ihnen etwas postum zurückgegeben werden.

Buch: „Wohnhäuser der Promis", Autor: Tobi Thomsen, ISBN: 978-3-7412-9073-2.

Danke Landarzt – 26 Jahre rezeptfreie Unterhaltung

„Der Landarzt", ein Projekt, das sich im Laufe der Zeit zu einer der erfolgreichsten Familienserien im deutschen Fernsehen entwickelt. Die Serie mit Christian Quadflieg, Walter Plathe und von 2008 bis 2012 mit Wayne Carpendale in der Hauptrolle ist einer der wenigen Dauerbrenner auf dem Fernsehbildschirm. Zudem ist sie eine der am längsten laufenden Arzt- beziehungsweise Familienserien in der Fernsehgeschichte. In diesem Buch stellt Autor Matthias Röhe die Darsteller vor, beschreibt die Drehorte der Serie und zeigt eine Auflistung aller bisher gezeigten Folgen. Das große Landarzt-ABC mit Begriffen rund um die Serie, Interviews mit Gerhard Olschewski, Franziska Troegner und weiteren Darstellern, eine umfangreiche Vorstellung prominenter Gastdarsteller runden den Inhalt dieses Buches ab. Das Highlight dürften die zahlreichen Fotos von den Dreharbeiten sein. Set-Fotos, Arbeitsfotos, Portraits und Szenenfotos stellen einen großen Teil dar. In Fanbuch für alle Landarzt-Fans. Von der ersten bis zur letzten Filmklappe (1986 bis 2012). Danke Landarzt – 26 Jahre rezeptfreie Unterhaltung. ISBN: 978-3-7357-7921-2. Preis: 9,99 Euro. www.FoTe-Press.de/produkte.

Der Landarztfotograf – ein Portrait

Die Vorabendserie „Der Landarzt" ist ein Projekt, das sich im Laufe der Zeit (seit 1987) zu einer der erfolgreichsten Familienserien im deutschen Fernsehen entwickelt hat. Der Schleswiger Fotograf Kai Labrenz war von 1992 bis 2007 zum Teil als einziger Fotograf am Set und konnte einzigartige und exklusive Fotos mit seiner Spiegelreflexkamera einfangen. In dem Buch „Der Landarztfotograf" werden Erlebnisberichte von Kai Labrenz über die Dreharbeiten wiedergegeben – mit aussagekräftigen Fotos versehen. Set-Fotos, Arbeitsfotos, Portraits sämtlicher Haupt- und Nebendarsteller, sowie schöne Szenenfotos sind in diesem Buch enthalten. Freuen Sie sich auf tolle Fotos von den Klatschtanten aus Deekelsen, dem Landarzt Dr. Uli Teschner, Pastor Eckholm, sowie vielen Schwestern aus der Praxis. Für Fans der TV-Serie ist dieses Buch ein unbedingtes Muss im Bücherregal. Neben Erlebnisberichten und zahlreichen Fotos enthält dieses Werk zudem das Kapitel „Mit Kai Labrenz auf den Spuren des Landarztes". Sie bekommen interessante Hintergründe zu den genauen Drehorten der Serie. Der Fotograf Kai Labrenz, geboren 1961: über eine Ausbildung zum Bauzeichner erwachte sein Interesse an der Fotografie. Foto-Dokumentationen der Dreharbeiten zu vielen bekannten TV-Serien und –Produktionen wie „Tatort", „Der Fürst und das Mädchen" oder „Der Landarzt". Fotograf des Titels „Filmland Schleswig-Holstein". „Der Landarztfotograf", BoD, ISBN: 978-3-7347-5528-6. www.FoTe-Press.de/produkte.

Verschiedene Foto-CDs

Eine tolle Geschenkidee: Foto-CDs mit Motiven von verschiedenen Filmkulissen (unter anderem „Der Landarzt", „Tatort", „Die Wicherts von nebenan", „Großstadtrevier",

„Der Fürst und das Mädchen", „Notruf Hafenkante"). Eine Foto-CD enthält 25 schöne Motive in großer Auflösung, die für verschiedene Zwecke (Poster, Postkarten, etc.) verwenden werden können. Preis: 10,00 Euro. Es sind unterschiedliche Kulissen wie Ortsschilder, Filmklappen, Gebäude von öffentlich zugänglichen Wegen auf den Foto-CDs enthalten. Zu bestellen sind die Foto-Cds unter www.FoTe-Press.de/produkte. Hinweis:es sind keine prominenten Personen (Schauspieler) abgebildet! Ausschließlich Kulissen sind auf diesen Foto-CDs enthalten.

Für Sammler ein unbedingtes Muss: eine Foto-CD mit Fotos verschiedener Einsatzwagen von Feuerwehr, Polizei, THW oder Rettungsdiensten. Wasserwerfer, Löschgruppenfahrzeuge, Leiterwagen, Krankentransportwagen; die unterschiedlichsten Fahrzeuge sind auf einer Foto-CD vertreten. Es gibt verschiedene Möglichkeiten: bestellen Sie eine Foto-CD mit nur einer Sorte Rettungseinheit (entweder Feuerwehr oder Polizei oder THW oder Rettungsdienst). Dann sind auf einer Foto-CD 150 Fotos von Fahrzeugen der entsprechenden Einheit drauf. Beispiel: Foto-CD Feuerwehr. Es befinden sich dann 150 Fotos der Feuerwehr auf dieser Foto-CD.
Oder Sie bestellen eine gemischte Foto-CD. Dann befinden sich auf der Foto-CD insgesamt 150 verschiedene Fotos von allen Einheiten. Beispiel: es sind dann auf dieser CD 50 Fotos mit Feuerwehrfahrzeugen, 20 vom DRK, 30 von der Johanniter Unfallhilfe, 50 Fahrzeugfotos der Polizei, der Rest sind Fahrzeuge des THW.
Die Fotos dürfen Sie dann für private Zwecke beliebig benutzen. Sie können daraus Poster oder Postkarten nachbestellen. Teilweise ist es auch möglich, dass Sie die Fotos für Ihre Homepage benutzen dürfen. www.FoTe-Press.de/produkte. Da stehen weitere Einzelheiten zu den Kaufmodalitäten bereit.

Diagnose langlebig: Der Landarzt

Es ist ein tolles Nachschlagewerk über die Fernsehserie „Der Landarzt". Ein interessantes Buch mit vielen Informationen über die TV-Serie, einer genauen Beschreibung „Wo ist Deekelsen" (den genauen Drehorten) und vielen Fotos von den Dreharbeiten. Tolle Setfotos, Szenenfotos, Portraits und Gruppenfotos von den Darstellern der Serie. Von den Anfängen mit Christian Quadflieg, Walter Plathe bis Wayne Carpendale. Ausführlich geht der Autor auf die Anfänge mit Uschi Glas ein, die während der Dreharbeiten schwanger wurde und die Filmarbeiten beenden musste. Gila von Weitershausen übernahm die Rolle der Annemarie Mattiesen, die den Fernsehzuschauern als beliebte Lehrerin aus Deekelsen bekannt ist. Alle bis zum Jahr 2010 ausgestrahlten Folgen sind chronologisch aufgelistet, zudem stellt der Autor die Hauptdarsteller detailliert vor. Zudem gibt es das Kapitel „gestorben in Deekelsen". Dort beschreibt der Autor, wer in den vergangenen Jahren verstorben ist. Das Buch „Diagnose langlebig: Der Landarzt" gibt es unter www.FoTe-Press.de/produkte und in jeder Buchhandlung. ISBN-13: 978-3-8391-3285-2, Preis: 9,99 Euro.

Raubtierjournalismus – der Kampf...

„Raubtierjournalismus – der Kampf ums beste Bild" beschreibt den Arbeitsalltag eines Fotografen, der Tag für Tag in den Pressegräben steht und am Roten Teppich prominente Persönlichkeiten abschießt. Ein Kampf ums beste Bild, denn neben ihm stehen Dutzende von „Kollegen", die einem das Leben ganz schön schwer machen. Tricks und Tipps, wie man gute Pressefotos fertigt und hinterher über eine Agentur vermarktet,

stehen in dem 148 Seiten umfassenden Buch. Wie kann man mit seinen Bildern Geld verdienen? Worauf kommt es bei einem Foto an? Wie sieht es mit den Rechten aus? Darf ich einfach Promis fotografieren und dann mit den Fotos machen, was ich will? Ein Hamburger Fotograf erzählt, wie er tagein und tagaus Pressetermine wahrnimmt, Fotos von Promis produziert, diese hinterher mit einem Programm fachgerecht beschriftet und bearbeitet und über eine Fotoagentur in Deutschlands Zeitungen und Zeitschriften bringt. Es ist ein langer Weg zu einer Veröffentlichung in einer Zeitung, Zeitschrift, Illustrierten oder einem Onlinemedium. Ein langer, ein kämpferischer Weg. In keinem anderen Beruf ist der Schritt vom Freund zum Feind so kurz, wie bei den Pressefotografen. Eben noch freundschaftlich geplaudert, steht auf einmal ein Feind neben einem. Mit allen Mitteln geht es hier um das beste Bild. Gerangel, Geschubse, Gedränge, Geschrei – immer wieder Beleidigungen, Verleumdungen, Manipulationen, Diebstähle. All dies gehört zum Berufsbild Pressefotograf dazu. ISBN-13: 978-3-8391-6680-2, Preis: 11,99 Euro.

Diagnose langlebig: „Der Landarzt"

Das Buch: mit vielen Informationen über die TV-Serie, einer genauen Beschreibung „Wo ist Deekelsen" und vielen Fotos von den Dreharbeiten. Tolle Setfotos, Szenenfotos, Portraits und Gruppenfotos von den Darstellern der Serie. Von den Anfängen mit Christian Quadflieg, Walter Plathe bis Wayne Carpendale. Ausführlich geht der Autor auf die Anfänge mit Uschi Glas ein, die während der Dreharbeiten schwanger wurde und die Filmarbeiten beenden musste. Gila von Weitershausen übernahm die Rolle der Annemarie Mattiesen, die den Fernsehzuschauern als beliebte Lehrerin aus Deekelsen bekannt ist. Alle bis zum Jahr 2009 ausgestrahlten Folgen sind chronologisch aufgelistet, zudem stellt der Autor die Hauptdarsteller detailliert vor. Das Buch „Diagnose langlebig: Der Landarzt" ist ausschließlich unter www.FoTe-Press.de/produkte zu bestellen.

Hochglanzmagazin: Diagnose langlebig: „Der Landarzt"

Seit dem Jahr 2000 begleitet Matthias Röhe die Dreharbeiten am Set des Landarztes und kennt sich mit der Serie gut aus. Neben einem ausführlichen Landarzt-ABC mit Begriffserklärungen zur Serie werden aktuelle wie auch frühere Darsteller portraitiert. Von Christian Quadflieg über Walter Plathe bis hin zu Wayne Carpendale. Auch prominente Gastdarsteller finden im Magazin ihren Platz: Die Ministerpräsidenten Björn Engholm und Peter-Harry Carstensen beispielsweise. „Wir haben Fotomaterial von Uschi Glas, die 1986 die weibliche Hauptrolle besetzte und wegen ihrer Schwangerschaft die Dreharbeiten abbrechen musste. Etwa 60.000 D-Mark wurden damals in den Sand gesetzt", gibt Matthias Röhe einige Details preis. Einen weiteren Schwerpunkt bildet die Rubrik „Wo ist Deekelsen" mit vielen Geheimtipps über die Drehorte. Hunderte Touristen aus ganz Deutschland, Österreich und der Schweiz kommen nach Schleswig-Holstein, um sich die Drehorte im Original anzuschauen. Landarzt-Kreuzwort-Rätsel, ein Landarzt-Rezept – ideal zum Nachkochen, einen Überblick über die einzelnen Folgen, sowie die Rubrik „Gestorben in Deekelsen" – wer alles in den vergangenen Jahren verstorben ist – runden das Informationsmagazin ab. Auf vielen Seiten findet sich eine exklusive Foto-Visite mit einmaligen Szenenfotos. Für jeden Landarzt-Fan ist das neue Hochglanzmagazin (erschienen 01/2010) ein Muss! Das Magazin, mit Hunderten Farbfotos aus den Jahren 1986 bis 2010, kann unter www.FoTe-Press.de/Deekelsen bestellt werden und kostet nur 3,99 Euro.

Das Team vom PK 21 und EKH

„Notruf Hafenkante" zählt mit bis zu 4,9 Millionen Zuschauern zu den erfolgreichsten Fernsehserien im Vorabendprogramm des Deutschen Fernsehens. Im Durchschnitt schauen sich etwa 3,6 Millionen Menschen jede einzelne Folge an. Von 2007 bis 2015 wurden bereits 217 Episoden ausgestrahlt. Dabei handelt es sich um eine Mischung aus Polizei-, Arzt- und Familienserie. Im Vordergrund stehen Geschichten aus dem Alltag der Hamburger Polizisten des Kommissariats 21 in der Speicherstadt, sowie den Ärzten aus dem Elbkrankenhaus. Kurzum: „Notruf Hafenkante" ist eine Serie über den Berufsalltag Hamburger Streifenpolizisten und Notärzten, eingebettet mit netten Geschichten Hamburger Bürger.

Das Polizeikommissariat 21 liegt direkt an der Hafenkante. Dabei handelt es sich um eine Uferlinie, die an Neumühlen beginnt, den St. Pauli Landungsbrücken vorbeiführt und bis zur Speicherstadt und der neuen Hafen-City reicht. Das Buch gibt Einzelheiten über die Drehorte der Serie, beschreibt die Charaktere der Polizisten und Ärzte und stellt die Hauptdarsteller vor. Natürlich sind auch berühmte Gastdarsteller berücksichtigt: so standen schon Sky du Mont, Lotto King Karl, Katy Karrenbauer, Karl Dall, Renate Delfs oder beispielsweise Heide Keller vor der Kamera und wirkten in einzelnen Folgen mit.

Der Autor stellt die Hauptdarsteller der Serie von 2007 bis 2015 vor, macht auf Filmfehler aufmerksam, gibt Hintergrundinformationen über die genauen Drehorte und listet in diesem Nachschlagewerk alle bisher ausgestrahlten Folgen auf. Viele Fotos vom Set, die bei Dreharbeiten in Hamburg entstanden runden den Inhalt des Buches ab. ISBN: 978-3-7386-2492-2, BOD, Norderstedt. Preis: 9,99 Euro.

Das Ergänzungsbuch mit dem Titel „Das Team vom PK 21 und EKH II" ist ebenfalls für 9,99 Euro erhältlich. Neue Fotos, zum Teil weitere Kapitel mit zwei Such-Rätseln. ISBN: 978-3-7386-2929-3, BoD.

Hamburg – hier lebten unsere Promis

Hamburg, die Stadt an Alster, Elbe und Bille ist einer der beliebtesten Wohnorte in ganz Deutschland. Mit seinem besonderen Charme, seinen vielen Grünflächen, seinen Gegensätzen zwischen lebendiger Innenstadt und dem ruhigen, dörflichen Rahlstedt oder Osdorf machen die Hansestadt für etwa 1,75 Millionen Menschen interessant. Als internationale Handels- und Hafenstadt steht Hamburg bis heute für Reichtum und Noblese. In der Hansestadt leben die meisten Millionäre (Einkommensmillionäre gemessen an der Einwohnerzahl in Hamburg nach einer Erhebung des Statistischen Bundesamts). Wo sich etwa 1,75 Millionen Menschen wohl fühlen, mischen sich auch viele prominente Persönlichkeiten unters Volk. Viele sorgen als TV-Moderator für gute Laune, verkünden als Sprecher Nachrichten, moderieren Radiosendungen, holen Titel in verschiedenen Sportarten nach Hamburg oder prägen als Architekten das Stadtbild Hamburgs. In einer Auswahl von 79 Kurzbiografien werden in dem Buch „Hamburg - hier lebten unsere Promis" interessante Persönlichkeiten vorgestellt, die in Hamburg und Umgebung ihre einstigen Wohn- und Wirkungsstätten hatten. Sie haben etwas für die Hansestadt Hamburg getan - direkt und indirekt - mit diesem Buch soll ihnen etwas postum zurückgegeben werden. „Hamburg – hier lebten unsere Promis", BoD, ISBN-13: 978-3-7347-4600-0, Preis: 9,99 Euro.

Drehort Schleswig-Holstein

Elf Kreise – unzählige Kulissen. Schleswig-Holstein ist Anziehungspunkt für Film- und Fernsehmacher. Jahr für Jahr entstehen etliche Sendeminuten im Land zwischen den Meeren. In seinem Buch „Drehort Schleswig-Holstein" verrät Autor Matthias Röhe Kulissen vieler Serien und Filme. In welcher Stadt ermittelt „Das Duo"? Wo ist die Praxis vom „Landarzt"? Wo jagen die Wächter von Lübeck in „Vier gegen Z" den gemeinen Zanrelot? In welcher Stadt spürt Hund Kalle den Dieben auf und in welchem Gewässer ermitteln die Wasser- schutzpolizisten der „Küstenwache"? Der Autor des Buches gibt Basisangaben der Serien und Fil-me, beschreibt die Drehorte und zeigt eine große Auswahl an Fotos. Das nördlichste Bundesland zeigt sich als idealer Medienstandort. Radio- und Fernsehsender, sowie ausgewählte Filmgesellschaften werden in dem Buch vorgestellt. Schleswig-Holstein ist mehr als nur Schauplatz, Drehort und Medienstandort. Zahlreiche Prominente aus Film und Fernsehen leben in Schleswig-Holstein. Sie haben Schleswig-Holstein zu ihrem Dreh- und Angelpunkt gemacht. Ausgewählte schleswig-holsteinische Promis stellt Matthias Röhe vor und verrät bei einigen, in welchem Landesteil beziehungsweise welcher Stadt sie wohnen. Selbstverständlich sind keine genauen Adressen zu erfahren, aber dennoch dürfte es bei Lesern Interesse wecken zu erfahren, in welchem Gebiet Schleswig-Holsteins sie zu Hause sind.

Drei Kapitel, ein Buch: Drehort Schleswig-Holstein ist in jeder Buchhandlung oder unter www.fote-press.de/produkte zu bestellen.

Hamburg – hier lebten unsere Promis II

Hamburg, die Stadt an Alster, Elbe und Bille ist einer der beliebtesten Wohnorte in ganz Deutschland. Mit seinem besonderen Charme, seinen vielen Grünflächen, seinen Gegensätzen zwischen lebendiger Innenstadt und dem ruhigen, dörflichen Ohlstedt oder Bergedorf machen die Hansestadt für etwa 1,75 Millionen Menschen interessant. Als internationale Handels- und Hafenstadt steht Hamburg bis heute für Reichtum und Noblese. In der Hansestadt leben die meisten Millionäre (Einkommensmillionäre gemessen an der Einwohnerzahl in Hamburg nach einer Erhebung des Statistischen Bundesamts). Wo sich etwa 1,75 Millionen Menschen wohl fühlen, mischen sich auch viele prominente Persönlichkeiten unters Volk. Viele sorgen als TV-Moderator für gute Laune, verkünden als Sprecher Nachrichten, moderieren Radiosendungen, holen Titel in verschiedenen Sportarten nach Hamburg oder prägen als Architekten das Stadtbild Hamburgs. In einer Auswahl von 79 Kurzbiografien werden in dem Buch „Hamburg - hier lebten unsere Promis" interessante Persönlichkeiten vorgestellt, die in Hamburg und Umgebung ihre einstigen Wohn- und Wirkungsstätten hatten. Sie haben etwas für die Hansestadt Hamburg getan - direkt und indirekt - mit diesem Buch soll ihnen etwas postum zurückgegeben werden. „Hamburg – hier lebten unsere Promis II", BoD, ISBN-13: 978-3-8334-9006-4, Preis: 9,99 Euro.

Tagebuch eines Exhibitionisten

Norman Schulz ist Exhibitionist. Der aus Essen stammende Zeigefreudige und Autor dieses Buches beschreibt seine Gefühle, wenn er sich vor fremdem Publikum entblößt. Außerdem gibt er seine Gedanken preis, wenn er von Frauen in der Öffentlichkeit gesehen wird. Was er alles als Exhibitionist erlebt hat, sei es mit Polizisten, Richtern und Betroffenen, beschreibt er detailliert in seinem Buch. Abgerundet wird das Buch mit Gerichtsurteilen zum Thema „Exhibitionismus", Witzen, zum Teil kuriosen Zeitungsartikeln und Zukunftsplänen des Justizministeriums zum Sexualstrafrecht. Außerdem enthält es Fotos und Karikaturen, sowie eine Umfrage unter 100 Frauen, wie sie zum Thema Exhibitionismus stehen. Erschienen im Januar 2016. Zu bestellen unter www.FoTe-Press.de/produkte. Preis: 8,99 Euro. 240 Seiten.

Die Kultbullen aus Hamburg

Anfang 1986 fällt die erste Filmklappe — am 16. Dezember des gleichen Jahres wird die erste Folge unter dem Titel „Mensch, der Bulle ist `ne Frau" ausgestrahlt. Die Serie „Großstadtrevier" ist geboren und vom ersten Tag an erfolgreich. So erfolgreich, dass gleich nach Ausstrahlung weitere Folgen produziert und gesendet werden. Heute schreiben wir das Jahr 2011 und noch immer werden in Hamburg und Umgebung Folgen für diese Serie gedreht. Zwar sind in der Zwischenzeit viele Köpfe gerollt, aber Witz und Charme sind geblieben. Bemerkenswert: in den vergangenen 25 Jahren gab es nicht mal zehn Todesfälle in der Serie und wenig Blutvergießen.

In dem Buch „Die Kultbullen aus Hamburg" werden Höhe- und Tiefpunkte der vergangenen 25 Jahre skizziert. Es ist eine ideale Ergänzung zu allen bisherigen Produkten der TV-Serie. Die Hauptdarsteller von 1986 bis heute (von Arthur Brauss, Kay Sabban, Mareike Carriére über Peter Neusser, Dorothea Schenck und Edgar Hoppe bis hin zu Jan Fedder, Marc Zwinz und Sophie Moser) werden vorgestellt.
Es gibt Suchrätsel mit Begriffen zur Serie, Interviews mit einigen Darstellern, die prominenten Gastdarsteller werden vorgestellt. Zahlen, Daten, Fakten über die TV-Serie „Großstadtrevier" werden gegeben. Eine Auflistung aller bisher ausgestrahlten Folgen runden den Inhalt ab – außerdem gibt es das Kapitel „300. Folge „Großstadtrevier" mit Informationen über die Dreharbeiten in Bad Segeberg.
Außerdem sind in diesem Buch ganz viele Fotos von den Darstellern, Arbeitsfotos, Setbilder und viele Portraits der Darsteller enthalten. Erschienen im August 2011 im Verlag Books on Demand, Norderstedt. ISBN-13: 978-3-8423-7329-7. Seitenzahl: 124. Preis: 9,99 Euro.

Gleicher Inhalt, gleicher Name. Aber in diesem Buch sind weit über 370 tolle Farbfotos – und darüber hinaus zahlreiche weitere Fotos in schwarzweiß zu sehen. Auf 104 Seiten finden Sie auch in diesem Nachschlagewerk alles Wissenswertes zur Polizeiserie „Großstadtrevier". Das Buch „Die Kultbullen aus Hamburg" ist am 27. Oktober 2011 erschienen, ISBN: 978-3-8423-8349-4. Preis: 11,99 Euro, Books on Demand, Norderstedt.

„Deutschland – hier lebten unsere Promis"

In einer Auswahl von 79 Kurzbiografien werden in dem Buch „Deutschland – hier lebten unsere Promis" interessante Persönlichkeiten vorgestellt, die in Deutschland ihre einstigen Wohn- und Wirkungsstätten hatten. Von Schauspieler Hans Albers über Witta Pohl, Evelyn Hamann, Gerda Gmelin, Gerty Molzen, Helmut Schmidt, Willy Brandt, Sängerin Alexandra, Günter Pfitzmann, Günter Willumeit, bis zu Nachrichtensprecher Peter von Zahn. Das Buch führt den Leser kreuz und quer durch Städte Deutschlands: von Glücksburg im Norden (Beate Uhse) bis Grünwald im Süden (Joachim Fuchsberger), sowie Berlin im Osten (Harald Juhnke) und Köln im Westen (Willy Millowitsch) des Landes. Das Buch soll an die 79 ausgewählten Persönlichkeiten erinnern. Sie haben etwas für Deutschland getan – direkt und indirekt – mit diesem Buch soll ihnen etwas postum zurückgegeben werden.

Menschen hinterlassen auf ihrer Odyssee durch die Jahrtausende eine Vielzahl von Spuren, die an das eigene Leben und Wirken erinnern sollen. Zum Beispiel an alltägliche oder außerordentliche Ereignisse, aber auch an herausragende Persönlichkeiten aus Unterhaltung, Sport, Politik oder Wirtschaft.

In langer Tradition stehen Gedenken und Erinnern und werden bis heute in verschiedenen Formen dargestellt: Ob als Höhlen- und Felsmalerei, als Pyramide, auf Friedhöfen als Gedenkstein oder -stätte, als Skulptur oder Plastik, als Denkmal oder Mausoleum. Nach Berliner Vorbild könnten in naher Zukunft vielleicht auch in Hamburg, München, Köln, Frankfurt oder in welcher Stadt auch immer mehr von solchen Gedenktafeln aufgestellt werden. Natürlich nur, wenn der Hauseigentümer damit einverstanden ist. Aber Argumente und Gründe gibt es sicher viele: In Erinnerung an großartige Persönlichkeiten, die sich in Deutschland durch hervorragende Leistungen in verschiedenen Bereichen hervorgehoben haben. 79 von ihnen werden auf in diesem schmalen Nachschlagewerk vorgestellt. Der Leser erfährt auf 78 Seiten in Form von Kurzbiografien, warum genau diese Protagonisten zu den Persönlichkeiten gehören und womit sie sich verdient gemacht haben.

Angaben zum Buch: Taschenbuch, 78 Seiten, erschienen bei Books on Demand (November 2015). ISBN: 978-3-7392-1063-6. Preis: 9,99 Euro. Es ist ab sofort in jeder Buchhandlung oder im Internet unter www.fote-press.de/produkte zu bestellen.

„Komparsen-Guide – So komme ich ins Fernsehen"

Faszination Film und Fernsehen: Für viele ist es ein Traum, in einer TV-Serie oder einem Kinofilm mitzumachen. Entweder wollen sie von ihrem Freundeskreis zu hören bekommen „Hey, ich habe dich gestern im Fernsehen gesehen. Cooler Auftritt" oder sie wollen einfach mal Filmluft schnuppern und bei Dreharbeiten von Serien wie „Großstadtrevier", „SoKo Wismar", „Stubbe – von Fall zu Fall", „Alarm für Cobra 11" oder beispielsweise „Der Bergdoktor" hautnah dabei sein. Als Komparse oder Kleindarsteller kann dieser Traum Wirklichkeit werden.

Der „Komparsen-Guide – So komme ich ins Fernsehen" gibt Einblicke in die Komparserie und gibt hilfreiche Tipps für den Fall, dass auch Sie einmal als Komparse oder Kleindarsteller in einer Serie, Reihe oder einem Film vor der Kamera stehen möchten.

Das Buch beschreibt beispielhaft in Form von Erlebnisberichten, was die Aufgabe eines Komparsen sein kann, erklärt den ersten Schritt bezüglich der Kontaktaufnahme zu einer Komparsen- oder Castingagentur und gibt Details zu den Abläufen eines Komparsenauftritts. Eine Frage taucht ebenfalls immer wieder auf: „Wie läuft es bei den Dreharbeiten eigentlich ab?" In dem „Komparsen-Guide – so komme ich ins Fernsehen" werden genau diese Fragen beantwortet.

Sie erhalten detaillierte Informationen in Form von Erlebnisberichten über verschiedene Aufgaben eines Komparsen. Versetzen Sie sich gerne in die jeweilige Situation und fragen Sie sich gerne zwischendurch „Kann ich das auch?" – und wenn Sie diese Frage mit einem eindeutigen „Ja" beantworten können, lesen Sie sich durch die folgenden Seiten dieses Buches. Verinnerlichen Sie den einen oder anderen Hinweis, den vielleicht ausschlaggebenden Tipp und dann nichts wie hin zu einer der vielen Komparsen- und Castingagenturen. Jeder hat eine Chance: ob jung oder alt, mit roten, blonden oder schwarzen Haaren. Ob mit Voll- oder Dreitagebart, mit Tattoos oder auffälligen Schnurrbärten. Ob klein oder groß, dick oder dünn. Im Prinzip wird jeder Typ gefragt. Auch die Aufgaben sind unterschiedlich: so werden „echte Polizisten" auch gerne mal als Polizisten eingesetzt, genauso wie „echte Handwerker" ein Bad im Hintergrund fachgerecht einrichten. „Komparsen-Guide – So komme ich ins Fernsehen", Taschenbuch: 144 Seiten, Books on Demand. ISBN-Nr: 978-3-7386-5715-9. Preis: 6,99 Euro.
Auch unter www.FoTe-Press.de/produkte ist das Buch erhältlich.

Jeden Montag gehen die Beamten des 14. Polizeireviers auf Streife und in der ARD auf Sendung. „Großstadtrevier" ist eine Vorabendserie, die seit dem Jahre 1986 mit großem Erfolg im deutschen Fernsehen läuft. Fast 300 gedrehte Folgen wurden bis 2009 in 23 Staffeln produziert. Im Jahr 2005 wurde die Serie mit der „Goldenen Kamera" als beste Kultserie ausgezeichnet. Die Handlungen lassen sich kurzum erzählen: Polizeialltag auf dem Hamburger „Kiez". Im Buch „Das 14. Revier" erzählt der Autor über die Drehorte, beschreibt die Charaktere der Figuren und stellt die Darsteller vor. Alle bis zum Jahr 2009 ausgestrahlten Folgen im Überblick, eine Auflistung prominenter Gastdarsteller, sowie eine umfangreiche Bilderstrecke runden den Inhalt ab. Eine Besonderheit dürfte die Kategorie Filmfehler sein. So geht der Autor auf formale, inhaltliche und Kamerafehler ein. Zudem sind Interviews mit drei Hauptdarstellern in dem Buch veröffentlicht. Für Fans der Serie ein Muss! Das Buch ist eine ideale Ergänzung zu allen bisherigen veröffentlichten Büchern und Produkten dieser Serie. Viele Szenen- und Arbeitsfotos vom Set sind in diesem Nachschlagewerk enthalten.
Buch „Das 14. Revier", ISBN-13: 978-3-8391-2690-5, BoD, Preis 9,99 Euro.

Hamburg: Stadt wie im Film

Hamburg ist Anziehungspunkt für zahlreiche Film- und Fernsehmacher. Täglich entstehen etliche Sendeminuten in der Millionenmetropole an Elbe, Alster und Bille. Es gibt keinen Stadtteil, der nicht von Filmemachern als Kulisse dient. In seinem Buch „Hamburg – eine Stadt wie im Film" verrät Autor Matthias Röhe Kulissen vieler Serien und Filme. Wo beamen sich die Mädels aus „Emmas Chatroom" nach Hamburg? In welchem Stadtteil ermitteln die Pfefferkörner? Wo ist das Revier 14 aus dem Großstadtrevier? Wo jagen die Wächter aus „4 gegen Z" den gemeinen Zanrelot? Wo steht das Kriminaltechnische Institut der Gerichtsmedizinerin? Der Autor gibt Basisangaben der Serien und Filme, beschreibt die Drehorte und zeigt eine Auswahl an Fotos. Hamburg zieht nicht nur Filmemacher in die Stadt, sondern die Hansestadt an der Elbe zeigt sich als idealer Medienstandort. Ein Streifzug durch die Medienlandschaft Hamburgs mit vielen Infos und Fotos.

Hamburg ist viel mehr als nur Schauplatz und Drehort. Zahlreiche Prominente aus Film und Fernsehen leben in der Hansestadt. Sie haben Hamburg zu ihrem Dreh- und Angelpunkt gemacht.

Drei Themen, ein Buch: „Hamburg – eine Stadt wie im Film", käuflich zu erwerben auf der Seite www.FoTe-Press.de/produkte für den Preis in Höhe von 9,99 Euro.